R.OFF.29-138
BEAGLE

Irineu Alencastro Gasparetto

Irineu Alencastro Gasparetto respira e trabalha com a espiritualidade há mais de 35 anos. Esse "rapaz" simpático, de bom coração e caráter imaculado nasceu na capital paulista. Terceiro filho do casal Aldo Luiz e Zibia Gasparetto, cresceu em um ambiente de carinho, amor e, obviamente, envolto pela espiritualidade.

Na juventude, durante uma visita a Chico Xavier, ouviu do famoso médium que alguns compositores e músicos desencarnados desejavam se expressar por meio dele. O jovem, que gostava de tocar violão, abriu-se para esses espíritos e até hoje sua música invade e enternece corações, com melodias inspiradas por artistas que habitam outras dimensões da vida.

É formado em psicologia e administração de empresas. Devido à sua formação acadêmica e vasta experiência com psicologia aliada à espiritualidade, passou a ministrar palestras e cursos direcionados à valorização do ser humano por todo o Brasil e também no exterior.

Há mais de dez anos ministra cursos de metafísica avançada e de formação e reeducação de médiuns. Dirige o Presença — Instituto de Psicologia e Espiritualidade Irineu Gasparetto, sediado na capital paulista.

Além disso, apresenta o programa *Irineu Gasparetto conversando com você* na TV Claret, uma sucursal da TV Fundação Padre Anchieta, e, na rádio Mundial de São Paulo (95,7 FM), anima os ouvintes com o programa *Alto Astral*.

Irineu vem trabalhando em parceria com o espírito doutor Hans há mais de duas décadas. Ao longo desses anos, além de curar feridas do espírito, o doutor Hans, por meio da incorporação em Irineu, trouxe-nos um verdadeiro arsenal de mensagens que nos ajudam a abrir os olhos da alma para uma vida mais prazerosa e feliz. Parte desse material foi reunida neste livro que chega agora às suas mãos.

Doutor Hans

Sua última passagem entre nós foi por ocasião da Primeira Grande Guerra. Ele era austríaco de nascimento e, logo depois de se formar em medicina, atuou nos *fronts* de guerra prestando os primeiros socorros aos feridos. Dono de uma sensibilidade ímpar, Hans captava, com seu dom de curar espiritualmente, ideias e soluções incomuns para a época.

No coração, trazia uma fé inquebrantável no Poder Curativo de Deus que há em cada um de nós, e o evocava constantemente, ensinando também aos pacientes como atrair tal Poder a si, principalmente nos momentos mais decisivos da jornada. Permaneceu no *front* da guerra durante dois anos e meio e acabou alvejado pelos estilhaços de uma bomba ao tentar socorrer um soldado ferido próximo ao hospital.

Regressando ao mundo espiritual, foi recebido por várias entidades de caráter angelical que, muito delicadamente, encaminharam-no para um período de descanso e refazimento. Mas seu descanso durou pouco. Tão logo se sentiu revigorado, pediu permissão às entidades superiores para retomar suas atividades de apoio e soerguimento espiritual. Construiu duas enormes comunidades hospitalares no mundo astral, e então iniciou, com a sua equipe multidisciplinar de médicos especialistas, várias modalidades de apoio médico.

Seus tratamentos se caracterizam pelo apoio energético aos doentes de todos os matizes e também pelo trabalho educativo que procura empreender juntamente com sua equipe.

Hans costuma nos dizer que, sem o processo de reeducação mental e emocional, dificilmente as curas serão duradouras, porque se as pessoas não modificarem as suas atitudes e formas de pensar, provavelmente, como disse o próprio Mestre Jesus, voltarão a errar e a adoecer. Suas marcas registradas são a ternura e a generosidade com que trata as pessoas que recebem seus cuidados.

Imagem psicopictoriografada por Luiz Gasparetto, 1992.

Capa e Projeto Gráfico: Vitor Belicia
Diagramação: Cristiane Alfano
Preparação: Melina Marin
Revisão: Juliana Rochetto Costa

1ª edição — 2ª impressão
3.000 exemplares — julho 2012

Dados Internacionais de Catalogação na Publicação (CIP)
(Câmara Brasileira do Livro, SP, Brasil)

Doutor Hans (Espírito).
Presença de espírito : inspirações para uma vida melhor / Doutor Hans ; [psicografado por] Irineu Alencastro Gasparetto. -- São Paulo : Centro de Estudos Vida & Consciência Editora.

ISBN 978-85-7722-187-5

1. Espiritismo 2. Obras psicografadas
I. Gasparetto, Irineu. II. Título.

11-08374 CDD-133.93

Índices para catálogo sistemático:
1. Mensagens psicografadas : Espiritismo 133.93

Este livro adota as regras do novo acordo ortográfico (2009).

Editora Vida & Consciência
Rua Agostinho Gomes, 2.312 - São Paulo - SP - Brasil
CEP 04206-001
editora@vidaeconsciencia.com.br
www.vidaeconsciencia.com.br

Presença de Espírito

Inspirações para uma vida melhor

SUMÁRIO

Apresentação

É gratificante poder trabalhar sob a direção de uma pessoa altamente espiritualizada, como é o caso do nosso querido doutor Hans, que tem a propriedade de fazer de mim um aluno cada vez mais interessado em aprender a técnica de viver mais próximo da paz e de uma alegria estável.

Através da mediunidade, o ponto de contato entre nós, seus ensinamentos e lições extremamente práticas de vida vêm auxiliando inúmeras pessoas a se reerguerem, trazendo sempre palavras dóceis e seguras, mas com grande força de transformação. Todavia, há momentos em que a bondade pede energia e firmeza para conscientizar a pessoa do rumo equivocado em que ela se encontra e, nesses casos, sua palavra sempre acha o modo mais adequado para uma abordagem segura, procurando elevar a autoestima dos que se valem da sua ajuda.

Habitualmente, seu trabalho é feito sobre uma maca onde a pessoa se deita, e ele, usando a técnica de imposição de mãos, procura dissolver bloqueios energéticos, emocionais e espirituais, trabalhando o campo vibracional da pessoa (aura) e oferecendo a ela, em breves minutos, um grande alívio para os seus males mais aflitivos.

Esse trabalho é chamado por ele de Revitalização Fluídica Energética, embora alguns o chamem popularmente de atividade de cura espiritual.

Dono de uma fé extraordinária em Jesus Cristo, evoca-o frequentemente durante as atividades espirituais, bem como outros espíritos importantes, como Maria (mãe de Jesus), São Francisco de Assis, Arcanjo Rafael, Lucas (o apóstolo) e muitos outros especialistas de várias modalidades terapêuticas, a quem ele chama de equipe multidisciplinar.

Para mim, como médium que sou, é uma responsabilidade imensa, e também um privilégio, trabalhar com o doutor Hans e sua equipe. Sou eternamente grato por essa possibilidade e tenho aprendido com esse espírito amigo a importância da perseverança em nossas vidas e a necessidade de aprendermos a lidar com a enorme quantidade de ilusões que nascem em nossos corações. Sinto-me honrado pelas bençãos que o trabalho espiritual me proporciona.

A ideia de escrever este livro nasceu da compilação de algumas das diversas mensagens dele psicografadas por mim. Assim, poderíamos refletir com mais clareza sobre as impressionantes mudanças e transformações pelas quais estamos passando no mundo atualmente.

São palavras muito simples que nos fazem sentir e pensar no que estamos fazendo de nós mesmos em nosso cotidiano. Ele oferece caminhos práticos e sugestões pautadas em sua enorme experiência de vida, apontando soluções efetivas e de muito bom senso para uma vida melhor e mais saudável.

Entrego a você, leitor, este livro com todo o meu coração, na esperança de que ele possa ser uma ponte entre o que você sabe e o que precisa saber para, juntamente com todos que estão à sua volta, desfrutar de uma vida de alegrias, prosperidade e paz.

Reconhecidamente,

Irineu Alencastro Gasparetto

Fracos e fortes

Desde os primórdios do mundo, a "força" sempre esteve presente em todos os movimentos humanos, distinguindo com clareza aqueles que, por seus dotes especiais, valiam-se de seus atributos para atingir os fins que desejavam alcançar.

Encontramos, em todas as eras, pessoas que conseguiam vencer suas contendas, condecoradas pelos louros da vitória, exaltadas pelos seus feitos de coragem e perseverança.

Com o passar do tempo, a "força", que ainda predomina em nossas vidas atuais, cedeu em parte para as ações do "direito", trazendo novas perspectivas de posicionamento e estratégia de viver.

A "força", embora ainda tenha muitas características concernentes ao corpo físico, transformou-se em novos aspectos da inteligência, desafiando nosso raciocínio para ações mais ligadas ao campo emocional, em que o equilíbrio nas reações e atitudes torna-se fundamental.

Dizem os estudiosos que "o mundo é dos fortes", isto é, daqueles que conseguem manter acesas as chamas do entusiasmo realista, não se deixando abater pelas situações contrárias e não se permitindo invadir pelas forças maléficas do desequilíbrio.

Em nossos costumes da vida moderna, as pessoas procuram se impor pela "força" financeira, pelo *status* político, pela fama pessoal, voltadas ao culto do exterior, isto é, do "parecer ser", a representação de tudo o que se refere à sua vida pessoal.

Isso ocorre porque muita gente se faz de fraca, patrocinando o vitimismo, completamente inseguro e desorientado quanto às suas reais capacidades de realização e desempenho. A força de seu desempenho está muito mais ligada à fraqueza dos imprevidentes distraídos de si próprios do que à excelência das suas atitudes.

Por outro lado, gostamos de parecer fracos porque sempre há uma mão amiga a nos levantar, e também em função de vivermos em necessidade, pois sempre há uma boa desculpa para o nosso insucesso, ainda que seja socialmente apoiado.

De onde vem essa força estranha que teima em roubar a nossa alegria, deixando-nos ilhados em nossa perplexidade, fazendo com que nos posicionemos como incapazes e inseguros?

De que maneira nos permitimos intimidar ante a ousadia daqueles que não têm medo de ser eles mesmos e seguem os seus sonhos ou ideais, compreendendo que os erros fazem parte de qualquer nível de aprendizagem?

Está na hora de repensarmos nossos conceitos sobre as dificuldades e impedimentos pessoais para percebermos de que forma cedemos ao medo e à ignorância, ou ainda à ideia de que nossa vida não tem jeito, isto é, que começou ruim e ruim permanecerá, a menos que algo muito extraordinário aconteça.

Sabemos que existem circunstâncias na vida que pedem paciência, tolerância e muita astúcia de negociação para que as coisas possam se concretizar de verdade. Mas daí a agirmos com total desprezo e descaso ante as oportunidades da vida há uma grande distância.

Se o mundo é dos fortes, eu também quero ser um deles!

Se você cair, seja qual for a razão da queda, respire com calma, pense nos aspectos da lição aprendida e levante-se, desviando-se das queixas renitentes, que não servem para nada na prática.

A força, muitas vezes, é fruto da simples vontade no coração, direcionando o querer para algo que produza o bem verdadeiro em sua expressão de alma.

Deixe o passado passar!

Quem vive pensando no ontem que se foi não percebe a força única que passa invariavelmente, chamada "agora", e que representa o único tempo em que algo poderá ser realizado.

Acredite em seu talento pessoal e tome a iniciativa de recomeçar exatamente onde você parou.

Sempre há a tentação de desistir do bom em você! Sempre é hora. Sempre é dia, sempre é possível. Lamúrias, nunca mais!

A força real é dos que assumem o respeito a si mesmos, amando a vida e tudo o que represente o "bem" de todos.

A modernidade aflitiva

A vida ocidental tem nos trazido inúmeros benefícios em todos os segmentos. Auxiliados pela força incrível dos avanços tecnológicos, somos a cada dia sacudidos por incontável número de novidades, seja na indústria, na medicina, nos esportes, na ciência, na agricultura, nos meios de transportes, na informática, na genética, nos sofisticados meios de controle em todos os níveis, na mídia, no cinema etc.

Tudo funciona com tamanha rapidez que temos até alguma dificuldade para tentar acompanhar o ritmo frenético das mudanças. Não se trata apenas de sabermos as novidades, mas de termos o discernimento claro e suficiente para acompanharmos tudo e, ao mesmo tempo, processar em nosso intelecto e em nossa vivência pessoal as múltiplas informações globalizadas.

A vida tem pressa.

As pessoas não possuem mais tempo para se permitirem coisas que eventualmente são vistas como desnecessárias e tradicionalmente adiáveis. O relógio não espera, o trabalho não perdoa, o trânsito não facilita, o dinheiro não resolve tudo, embora ajude, e a insatisfação não se dissipa num passe de mágica.

Quem mora na cidade mal pode esperar pelos feriados para se deslocar da capital para as praias ou o interior em busca do tão sonhado refazimento. E, muitas vezes, nessas viagens se cansam e se estressam mais do que habitualmente se desgastam em suas naturais ocupações.

Na verdade, pagamos todos um alto preço pelo conforto dos nossos avanços atuais e continuamos reclamando da vida como se ela fosse culpada por nossas adversidades.

Estamos todos muito aflitos em busca de paz, correndo de um lado para o outro sem identificarmos muito bem nossos objetivos, quase sempre perdidos em uma guerra competitiva, onde "ter" as coisas passou a ser a nossa prioridade, não importando o quanto soframos por causa disso e nem de quem tenhamos que passar por cima para chegarmos lá.

A nossa ética tem sido manchada com frequência quando, para atingir nossos alvos, usamos recursos ilícitos, dizendo que os fins justificam os meios. Em nossa afetividade, então, quando os verdadeiros se evidenciam, preferimos modismos que vêm e passam, deixando tristezas e provocando desilusão.

Sabemos que o progresso é inevitável e que tudo se transformará de um modo cada vez mais rápido e passageiro. No entanto, precisamos resgatar a nossa calma, reconstruindo as bases sólidas que sustentarão a nossa paz.

É preciso desacelerar a nossa sofreguidão, nossa ansiedade sem limites, compreendendo que a nossa aflição, após algum tempo como hóspede em nós, fatalmente se transformará em doenças de etiologia obscura e difícil.

Nosso organismo é tão perfeito que suporta pesada carga de aflições, mas chegará o dia em que esbarraremos em nossos limites orgânicos, e então seremos visitados pela enfermidade impiedosa, silenciosa e cruel.

Se você está doente, triste ou desanimado, pare e faça o seguinte exercício:

Inspire força, vitalidade, confiança, luz; segure por três a quatro segundos e expire medo, cansaço e preocupação. Descanse um pouco e refaça por mais três ou quatro vezes o mesmo método. Exercitando-se alguns minutos nessa respiração consciente, você se sentirá melhor gradativamente e descansará de todos os desgastes emocionais, amenizando a fadiga em função de todo o tormento psíquico.

Aprenda a ser rápido, mas sem pressa, sem a aflição desmedida que a pressão externa exerce sobre você. Continuará com a sua vida normal, mas, sobretudo, preservará a sua vitalidade emocional, cuja eficácia é fundamental para o seu equilíbrio e para a sua sobrevivência com qualidade de vida interior.

Olhe bem para o seu rosto vincado pelas marcas do tempo e, mesmo que a sua vida seja movida pelo estresse da modernidade aflitiva, restaure a ideia de cuidar de si.

Comece a rever as cotas de tempo gastas com atividades inúteis para você, e se surpreenderá com quantas coisas boas ainda será possível desfrutar em sua vida.

Alimente o gosto pela meditação (experimente conhecê-la). Desfrute um pouco mais do convívio familiar, da brincadeira sadia com seus filhos, da conversa edificante (aquela em que não perdemos tempo falando mal dos outros), do passeio com seu animal de estimação pelas imediações da sua casa (tendo o cuidado de observar a vizinhança de um modo que você nunca viu); pratique alguma movimentação física de que você sempre gostou (caminhar, correr, fazer alguma ginástica, nadar, praticar algum esporte), simplesmente admirando esse mundo bonito que Deus nos deu; adote a leitura como hábito (alimento para o espírito); ouça boas músicas (aquelas de que você gosta de um jeito especial); experimente ficar um pouco sem relógio, com o celular desligado, focalizando um jardim nas imediações e registrando a beleza das flores (e quem sabe sentir seu perfume), das estrelas, do sol, do céu, da vida.

Lembre-se de que a pressa e a afobação provocam desequilíbrio, dificultando o raciocínio, enquanto a calma nos traz lucidez, favorece a intuição que tornará você capaz de escolher rapidamente o melhor.

Essa postura abrirá a porta para a inteligência divina universal atuar em sua vida e lhe dará a confiança de que necessita para levar adiante os seus mais variados projetos pessoais, a fim de que eles se concretizem.

O tempo é agora.

Não permita que as incertezas do futuro estraguem o seu presente e nem que as marcas do passado interfiram no hoje.

Desarme a sua aflição e viva, pois você nasceu para ser vencedor.

Querer. Você já sabe o que realmente quer?

Desde o momento de nossa concepção até os dias atuais, seja expresso de forma verbal ou não verbal, seja pela mímica dos sinais evidenciados pelo nosso modo de se posicionar, seja pelos nossos pensamentos e atitudes no cotidiano, desejamos atrair alguém ou alguma coisa para vivenciar.

Estar vivo aponta na direção de querermos algo, como um pré-requisito para participar da vida naturalmente.

Existem nossas necessidades básicas e, até por questões de sobrevivência, queremos e desejamos ardentemente supri-las, a fim de nos mantermos vivos, fortes, saudáveis e atuantes na vida.

Todavia, além de tudo isso, convivemos com outros tipos de querer mais vinculados às nossas necessidades emocionais, psicológicas e espirituais, que causam inumeráveis movimentos internos de ansiedade, angústia, dor e sofreguidão por onde passam em nosso caminho de aprendizagem nesta existência.

A cada fase específica do nosso viver, vamos mudando o nosso querer, sendo que o que gostaríamos de alcançar hoje pode ser muito diferente do que queríamos na semana passada, e que, por sua vez, poderá ser exatamente o oposto do que vamos querer no mês que vem.

Como nosso cérebro funciona por estímulos, somos levados a querer aquilo que nos é ricamente mostrado, na ilusão de que, ao adquirir determinado bem, estamos em tese adquirindo todos os requisitos necessários para a felicidade geral com a plena realização, que deverão estar acoplados ao "tal" bem, anexando sensações ao bem que "ele" não tem como nos dar.

"Compre tal coisa e seja feliz para sempre!", diz a propaganda em sua função de convencer-nos a ter a coragem de adquirir um produto.

Estamos vivendo um período de alta porcentagem de superficialidade, no insano e desmedido consumo, em que se paga muito mais pelo rótulo sem se ter consciência do conteúdo.

Não se pode negar, entretanto, os benefícios da vida moderna em todos os segmentos, impulsionados pelo progresso mundial nos avanços da tecnologia, da medicina, das comunicações, das artes e todas as diversas contribuições de caráter social cujas facilidades em certos momentos tornam-se até difíceis de ser assimiladas, dada a velocidade com que emergem nos grandes centros urbanos.

Mas se tudo isso nos favorece por fora, como vai o nosso querer por dentro? Com toda sinceridade, em meio a todos esses apelos, você consegue ter consciência do que realmente quer? Você tem no coração a compreensão do que é essencial ou supérfluo para você?

Alguns conseguem realizar-se ao adquirir coisas porque seu querer estava fundamentado numa verdade existencial, enquanto muitos outros experimentam um enorme vazio pós-aquisição, procurando logo na sequência adquirir outra coisa na esperança de que o novo bem possa preenchê-lo ou até realizá-lo.

Do que será que estamos precisando em nossos corações para nos sentirmos efetivamente mais completos?

A angústia das necessidades fictícias nos distancia da paz interior, fomentando compulsividade e falta de percepção do que estamos de fato fazendo.

Sejamos razoáveis em nosso consumismo desenfreado, ponderando nossa real necessidade e, igualmente, considerando o verdadeiro prazer que tal aquisição poderá nos proporcionar.

Comprar quando se quer e precisa é muito bom, mas se há impulsos em que a falta de percepção está presente, numa espécie de hipnose coletiva, isso trará uma satisfação somente passageira.

Você escolhe. Você decide!

A paz do bom senso que "é" ou a guerra sem fim do "ter" para parecer ser.

Aproveite o hoje

A estranha sensação de que o tempo parece estar correndo além do natural faz-nos pensar na fragilidade dos segundos que se escoam velozmente, chamando a nossa atenção para a ideia de que "o minuto que passa não volta mais".

Num segundo, tudo se mostra com aspecto de funcionamento natural, dando-nos a impressão de que está sob controle, para no segundo seguinte desmoronarem estruturas sólidas, sejam elas físicas ou emocionais, modificando radicalmente a paisagem dentro e fora de nós.

O que nos passa a ideia de que levaria anos para acontecer sucumbe num piscar de olhos, ante a nossa face estarrecida, mostrando-nos que a única segurança que possuímos é a de que nessa vida só há mudanças, todos os dias.

Nenhum de nós será capaz de dizer com exatidão o que nos aguarda num futuro próximo, e nem mesmo num futuro distante.

Se o destino de certa maneira nos leva a experiências e desafios dos mais diversos matizes, não nos esqueçamos de que nós também somos criadores, em certa medida, desse mesmo destino pelas atitudes e escolhas que decidimos realizar, atraindo para nós muitas surpresas pelo caminho.

Como reclamar do destino que nos leva a adoecer, se vivemos maltratando o nosso corpo, comendo inadequadamente, bebendo quantidades desnecessárias, desperdiçando trocas afetivas desequilibradamente, negligenciando nosso sono, permanecendo indignados cronicamente contra tudo e todos, superexcitando o nosso sistema nervoso com ansiedade e preocupações exacerbadas, falando mal de muitos em conexão direta com a maledicência, sem tempo para si mesmo(a) em suas necessidades essenciais?

Sim, a vida costuma nos trazer situações especiais para desenvolvermos nossas habilidades e inteligência pessoais, exagerando em determinados aspectos, apontando-nos o caminho da aprendizagem em exercícios sutis de experimentação.

Pensando nisso, identifique-se com as suas reais necessidades de agora, perguntando-se para onde a vida quer direcionar você e com que intuito isso está acontecendo nesse exato momento.

Pare e observe, saindo dessa espécie de "hipnose" que não lhe permite ver com clareza a delicadeza da hora que passa...

Não sejamos tão turrões, imaginando ilusoriamente que sempre somos os certos e que todos os outros estão equivocados.

Aceitemos naturalmente a ideia de que estamos todos em processo de aprendizagem e que o confronto com tais realidades é uma ferramenta preciosa para o nosso crescimento.

Por isso mesmo, no trato com os outros, pondere:

- Não discuta. Converse.
- Não exija. Peça.
- Não seja indiferente. Agradeça.
- Não se amedronte. Confie.
- Não amaldiçoe. Compreenda.
- Não se desgaste. Pondere.
- Não viva ansioso. Saiba esperar.
- Não se descontrole. Respire.
- Não reclame. Trabalhe.
- Não fale demais. Ouça.
- Não se atormente. Serene (ou acalme-se).

Tais recomendações podem a princípio parecer óbvias, mas quem procura colocá-las em prática faz um enorme trabalho preventivo, mantendo a saúde vitalizada dentro e fora de si.

Aproveite hoje e cuide muito bem daqueles que estão à sua volta porque daqui a um segundo a vida poderá mudar o seu percurso e, sem que percebamos, poderá ser tarde demais.

Zelo e apego

Indubitavelmente, um dos mais difíceis entraves na vida humana é considerar a possibilidade de perder o contato com pessoas queridas, não importa por quais razões.

Não nos importa se as relações são ácidas ou complicadas, se as pessoas fazem parte do nosso mundo pessoal; o temor da perda é sempre uma condição delicada.

Por carregarmos sentimentos profundos, evidentemente sequer nos dispomos a imaginar a vida longe deles, quaisquer que sejam as circunstâncias em que isso possa ocorrer e, dessa forma, não aceitamos em hipótese alguma o afastamento a qualquer momento.

O apego aos entes queridos traz grande dose de sofrimento, especialmente quando nos revoltamos contra a vida, como se a permanência deles ao nosso lado fosse a única condição de evoluir com segurança.

Apesar de entendermos com clareza todos esses aspectos naturais da nossa existência, precisamos considerar que nada é definitivo, tudo é temporário e se consome com incrível rapidez todos os dias de nossa existência.

Precisamos exercitar a condição de zelar pelos nossos amigos queridos, dando a eles a liberdade de serem eles mesmos, sem jogos de manipulação, oferecendo o melhor de nossa companhia e amizade, e não perdendo tempo com bobagens descabidas, nem os influenciando de maneira que não consigam caminhar por eles mesmos.

Na verdade, há enorme diferença de comportamento entre uma atitude e outra.

No apego, sofremos se estamos perto da pessoa, se estamos longe dela, se ela decide seguir outra estrada, se ela se descobre em outras atividades que não esperávamos; nossa inquietação nos envolve em tudo o que diz respeito à vida pessoal desse alguém. Dificilmente se tem paz apegando-se a alguém de maneira visceral.

O apego é uma distorção do ego (também chamado de falso eu), e pode se tornar doentio se não usamos nossa inteligência para desenvolver mecanismos que nos ajudem a lidar melhor com essa realidade.

O zelo, por sua vez, se mostra muito mais eficaz e inteligente porque tudo é feito de uma maneira que não sufoca a pessoa com o nosso amor; estamos próximos e damos o nosso carinho e compreensão, mas não nos envolvemos em suas vidas pessoais; compartilhamos as presenças, mas sem nos colocarmos sempre como os donos da verdade.

Quem zela cuida, ampara, perdoa, auxilia, colabora, entende, às vezes compartilha o gosto com a outra pessoa, outras vezes colabora e aceita a pessoa como ela é, mas, sendo imbuída do espírito de cooperação, sempre oferece a ajuda possível e compatível com as suas habilidades pessoais.

Pense agora em que ponto da estrada você se encontra e reflita bem se esse seu modo de agir não merece uma nova visão da realidade, que muitas vezes pode parecer coerente, mas o tempo, com suas investidas naturais, mostra panoramas diferentes.

Você, neste momento, zela pelas pessoas que ama, tratando-as com o carinho e respeito que elas merecem, ou, de maneira invigilante, desmancha-se em apego, criando laços pegajosos e inconsequentes?

Cada um de nós tem ao menos a noção do que significam essas distorções em nossa vida. Preferimos, às vezes, ficar sozinhos a ter de enfrentar as cabeças que pensam diferentes da nossa. Nesse sentido, Deus não mima ninguém; aquele que precisar passar por algo irá passar.

Comece hoje a compreender que o apego é essencialmente emocional, pois as pessoas não são propriedades nossas e nem nós somos delas na mesma proporção.

Evidentemente, isso não impede que as queiramos bem e que façamos a elas, dentro das nossas possibilidades, o que nos é possível.

Gostar é a mais maravilhosa sensação que podemos experimentar, e isso, dentro do zelo, é perfeitamente possível em qualquer circunstância da vida.

Para isso não é preciso controlar ninguém, na vigilância absurda e incoerente, e sim cooperar, fazendo da amizade e do querer bem os nossos alvos preferidos.

A maneira mais fácil de perder alguém é querer controlar tudo. Desista, você não vai conseguir.

Dedique-se a zelar por quem você ama e quer bem, e tudo o mais se fará naturalmente.

No entanto, se alguém precisou partir para o outro lado da existência e hoje já se encontra no mundo espiritual, mostre o seu amor sem revolta e transmita um pensamento bom a essa pessoa, transformando a saudade em ação benéfica a quem tanto precisa de paz e luz.

Apesar da dor da ausência, aprenda a fazer luz no seu coração e siga adiante na certeza de que a bondade divina o abençoará sempre.

O que você está fazendo do seu agora?

A maioria de nós está devidamente informada quanto à importância do momento que passa pelas suas especialíssimas características e pelas oportunidades que se sobrepõem umas às outras e que, se não forem bem aproveitadas, podem ser sumariamente desperdiçadas ou perdidas.

Estudando as filosofias orientais, temos uma noção mais clara do momento chamado presente, enaltecido constantemente pelos seus mais destacados mestres, que, ao longo das suas vastas incursões pelo mundo da cultura, deram sempre ênfase especial ao aproveitamento das oportunidades que temos em nossas mãos, no momento em que se encontram disponíveis, para delas tirarmos o máximo de proveito possível.

Trata-se, na verdade, de fazer ou não fazer, decidir ou deixar para depois, posicionar-se ou manter-se em cima do muro, assumir ou ignorar responsabilidades, ser ético ou aproveitador, transparente ou tendencioso, verdadeiro ou cuidadosamente camuflado.

Nossas atitudes viciaram-se com facilidade, seguindo no rumo das conveniências sociais, em que "parecer ser" torna-se mais importante do que "ser" e, dando sequência à nossa rota de hipocrisia, imaginamos que dessa forma alcançaremos os nossos ideais de alegria duradoura e felicidade.

A vida, em sua sabedoria infinita, tem esperado o momento mais favorável para que cada um de nós amadureça e perceba o valor do tempo que passa, sendo que para todos nós esse tempo surge em diferentes instantes da jornada.

O mais frequente, no entanto, é que, pela nossa resistência em mudar certos velhos hábitos, sejamos visitados por inúmeras dificuldades que funcionam como agentes transformadores, quebrando nossas cascas de personalidade de maneira a moldarmos novas e mais lúcidas visões de vida, lapidando a pedra bruta em nós para que, mais adiante, a obra de arte possa se concretizar.

Somos sempre herdeiros de nós mesmos nas coisas edificantes e também naquelas que lamentavelmente fazemos de nós.

O que você está fazendo do seu agora?

O que será que nos impede de reconhecer de pronto tais evidências e quais as causas de nos identificarmos com tamanhas ilusões?

Por que seguimos à feição de cegos desgovernados, fazendo sempre as mesmas coisas que, de certa forma, intuitivamente já sabemos que nos levarão ao caos, à doença e aos desequilíbrios?

Parece que temos que provar ao mundo que somos "donos" da razão a que todos terão que se curvar a nós, que somos pessoas superiores a que a grande maioria deve se submeter.

Está mais do que provado que todos dependemos uns dos outros e que a nossa harmonia reside no fato de que cada um tem a sua parcela de contribuição pessoal no contexto social, isto é, ninguém está dispensado de fazer a parte que lhe cabe, cuja importância é fundamental no todo.

O agricultor não faz nada sem o transportador da semente, que, por sua vez, não faz nada sem o veículo que lhe serve de apoio, que não consegue chegar sem o obreiro que constrói a estrada, que não se concretiza sem que o engenheiro calcule os materiais e suas proporções, que não se formaria sem o concurso dos professores que tiveram a paciência de ensiná-lo, que não teria aprendido se não houvesse quem erguesse a escola, e por aí afora.

Na qualidade de indivíduos que somos, naturalmente temos as nossas atribuições pessoais e, nesse sentido, dependemos muito mais de nossa boa vontade e perseverança do que da contribuição dos outros a nosso favor.

Somos dotados ainda de um atributo fundamental: a nossa inteligência, que dentre outras habilidades pode desenvolver a percepção da importância de que o momento que passa não volta mais; pelo menos não da mesma forma.

Como estamos aproveitando a nossa estada por aqui?

Estamos assimilando tudo o que a vida quer nos ensinar?

O que você está fazendo do seu agora?

Acima da inteligência, temos ainda um atributo maior e mais poderoso: o nosso espírito, a nossa essência, como gostam alguns de definir.

Nosso espírito é a nossa luz interior que direciona os nossos movimentos, impulsionando a nossa evolução, trazendo os recursos necessários à nossa maturidade pessoal.

Se conseguirmos nos conectar mais lucidamente com essa explosão de força interior eterna e indestrutível, com certeza teremos muito amplificada a nossa percepção da importância do momento que passa, não deixando escapar nenhuma oportunidade de sermos mais alegres e felizes, apesar dos desafios comuns a todos nós.

O espírito é que faz a máquina da mente funcionar, produzir pensamentos, emoções, sentimentos, reações, campos vibracionais eletromagnéticos, gerando estados de ânimo como amor, paz de espírito, serenidade — quando mais equilibrado e esclarecido — e doenças, aflições, ansiedades e medo — quando ainda embrutecidas.

Se nos conectarmos com a verdade do nosso espírito de maneira simples e objetiva, ligaremo-nos com a nossa verdadeira força em todos os sentidos.

Para que isso aconteça e nosso espírito assuma seu verdadeiro papel em nossa estrada evolutiva, basta evocar "Deus em nós" diariamente, por meio da prece, da meditação, do relaxamento, da atitude no bem, e tudo se transformará radicalmente em sua vida para melhor.

Experimente e ficará surpreso com os resultados.

Hoje é o dia! Agora é a hora! Confie e venha!

Nossos diálogos mentais

Uma das atividades mais constantes e espontâneas que realizamos em maior ou menor escala, sem dúvida alguma, mostra-se de maneira singular em nossos intermináveis diálogos interiores: exatamente o que falamos dentro de nós.

Conversas e mais conversas de todos os temas e de todos os matizes que fazemos com nós mesmos são as responsáveis diretas ou indiretas por tudo que criamos dentro de nós, gerando atividades emocionais de intensidade impressionante que habitualmente produzem aspectos de positividade ou negatividade, dependendo da polaridade escolhida pela nossa atenção.

De certa maneira, sempre desejamos fazer as coisas do melhor modo possível e, nesse sentido, nossa cabeça fala sem parar como um narrador de futebol, direcionando caminhos, estabelecendo normas, ditando ordens, cobrando-nos melhor desempenho em tudo, produzindo um cansaço emocional que tende a nos levar, em um curto espaço de tempo, para as garras do estresse.

Além disso, se porventura adotamos uma autoestima negativa, apontando-nos como incapazes de realizar algo realmente bom e inteligente, nossa incansável conversa interior segue na direção de uma luta enorme dentro e fora de nós, favorecendo a desmotivação e o vitimismo, o que nos faz arrastar por muito tempo a procura de algo que possa nos ajudar a melhorar.

Um vilão bastante conhecido pela psicologia que se aproveita demasiadamente desse quadro é o "ego". Como sabemos, o "ego" é uma estrutura psicológica que também é conhecida pela alcunha de "falso eu", por induzir a nossa mente a tagarelar de forma ininterrupta, fazendo o nosso raciocínio pensar sempre de forma comparativa, colocando-nos no último lugar da fila, exigindo de nós aquilo que sabidamente não temos como alcançar, incentivando uma guerra interior de proporções incalculáveis.

Naturalmente, a nossa atividade mental desencadeada pelo cérebro traz, dentre os inúmeros atributos que lhe são inerentes, a função de, por meio dessas conversas interiores, fomentar a ordem mental, criando um sentido mais lógico e organizado para os blocos de ideias que passam pela nossa mente.

No entanto, são tantas as conversas dentro de nós, há tanto barulho em nossas cabeças que nos perdemos por alguns instantes nas divagações a perder de vista, desconectando-nos do nosso referencial mais claro e preciso, e com isso granjeamos grande cansaço e desânimo.

São com essas conversas intensas e presentes em nós que criamos a nossa conhecida "ansiedade", grande mal dos tempos modernos que nos põe em contato com os nossos "medos", acreditando que o futuro é sempre ameaçador e que o pensamento é sempre insuficiente para combater tal situação íntima, fazendo nascer aflições intermináveis.

As ilusões em nós, obedecendo a esse modelo organizador de ideias, formam a sua base estrutural e, quanto mais as alimentamos, mais elas crescem e se apoderam de nossa vida emocional.

De quem é essa voz que fala incessantemente em nossa cabeça?

De quem partiu essa ordem a quem eu internamente tenho que obedecer sem questionar ninguém?

Por que estou guerreando com essa pessoa ou com essa situação ou ideia há tanto tempo dentro de mim?

De onde vem esse comando que faz irritar-me com tal situação, levando-me muitas vezes ao ódio estéril?

A boa notícia é que somos "mais fortes" que os nossos pensamentos; e não somos vítimas das nossas próprias ideias, como alimentávamos antigamente.

As nossas conversas internas podem ser interrompidas ou transformadas na medida em que validamos ou invalidamos os pensamentos.

Validar significa "dar importância" e invalidar tem o sentido de "diminuir a importância" ao assunto em questão, dizendo a nós mesmos simplesmente com firmeza: "Não aceito o que você (pensamento) está me dizendo. Pode se afastar de mim, pois eu não quero e não aceito mais nada que venha de você."

Por incrível que pareça, quando assumimos a postura de não aceitar as diretrizes impostas pelos pensamentos, eles automaticamente se encolhem e perdem o efeito dominador que estavam produzindo no momento anterior.

Isso pode parecer muito difícil a princípio, mas, com um pouco de treino, exercitando-nos inicialmente nas pequenas coisas que nos atormentam, vamos nos capacitando cada vez mais.

Quando começamos a experimentar esses exercícios, um novo e surpreendente estado de paz começa a surgir dentro de nós, porque, por meio da inteligência e do bom senso, diminuímos esse habitual estado de guerra e criamos uma profunda harmonia interior.

A meditação é também uma poderosa ferramenta de apoio por proporcionar a quem a pratica uma enorme diminuição do barulho mental, levando-nos a uma integração completa em nosso mundo interior.

Seja qual for a ferramenta escolhida, o importante é cuidar do nosso mundo interior para que os conhecidos desequilíbrios emocionais não nos levem a produzir doenças de todas as formas, aliadas ao sofrimento que todas elas provocam.

Quem quer ser feliz e saudável precisa saber escolher em que pensar.

O pensamento é livre!

Você também pode ser!

Você pode, se acreditar e sentir que pode

A maioria de nós alimenta sonhos e caminhos de realizações, buscando desfrutar da felicidade possível, indo ao encontro da concretização de seus objetivos, dando vitalidade aos seus anseios mais comuns.

Seduzidos pela beleza imposta das propagandas inteligentemente elaboradas, cedendo aos seus estímulos e encantamentos, adquirimos bens e serviços nem sempre tão imprescindíveis assim, manifestando em nosso inconsciente coletivo o desejo de nos sentirmos socialmente inclusos e aprovados.

Apanhados pelos mecanismos sutis da ilusão, compramos o que compramos e fazemos o que fazemos num desejo ardente de nos sentirmos mais felizes e completos, na esperança de que, adquirindo coisas, levemos junto sensações de felicidade e realizações duradouras.

No consumismo vigente da atualidade, compra-se muito mais do que necessidades, enfatizando-se muitas vezes o que é supérfluo e de pouca valia ou utilidade, só porque é moderno ou está na moda.

A praticidade hoje evidencia os avanços alcançados pela moderna tecnologia, facilitando a vida de modo geral, eliminando muitas dificuldades vividas pelas outras gerações no que se refere à saúde, ao trabalho, aos transportes e ao campo das comunicações.

No entanto, existe uma necessidade maior a ser satisfeita: as nossas necessidades de alma, em que a força do nosso espírito pede passagem para manifestar-se, a fim de levar-nos à realização plena e à concretização das nossas ideias e ideais.

Existem diferenças básicas fundamentais entre a vontade da alma e os desejos que emergem das ilusões passageiras, embora ambos, a princípio, pareçam semelhantes pelas forças das manifestações contundentes em que emergem e se expressam.

Nas ilusões, somos levados pelo brilho efêmero das coisas externas que são fugazes e passageiras, pois nosso cérebro trabalha por estimulações, e nesse sentido somos muito facilmente alvejados por atraentes convites do consumo e do desfrute, imaginando que "tendo" coisas compramos a ideia de usufruir felicidade por um bom tempo.

Na prática, em pouco tempo nos damos conta do nosso engodo, percebendo, por um grande vazio existencial, que as coisas adquiridas, embora algumas tenham a sua importância e utilidade, não mostram nada além daquilo que realmente são.

As necessidades de alma, por sua vez, denotam uma configuração diferente e, quando são satisfeitas, costumam permanecer conosco por larga faixa de tempo ou até mesmo pela eternidade, dependendo do contexto. Ao contrário das ilusões, trazem plenitude e bem-estar duradouros insubstituíveis ao nosso coração, por retratarem a força da harmonia do nosso "eu superior".

Podemos, por exemplo, comprar automóveis de luxo que nos levam a quase todos os lugares que desejamos com elegância e segurança, conforto e comodidade, dando-nos o prazer de se deslocar com a velocidade desejada ao local que almejamos alcançar, mas isso não garante para a alma a certeza de uma alegria plena, nem a manutenção da melhor saúde durante o trajeto, nem a ausência das ansiedades comuns que nos acompanham, nem o distanciamento das guerras mentais que habitualmente fazem parte do nosso cenário interior.

Podemos comprar casas de refinada arquitetura, adornadas com as mais requintadas peças dos mobiliários, com sistemas de calefação para os dias mais frios, ar condicionado para os dias de verão escaldantes, que nos guardem das intempéries de toda natureza, que nos garantam um abrigo realmente seguro contra as variações climáticas mais expressivas, das obras de arte pinduradas na parede para o nosso deleite cultural e sistemas de segurança contra a invasão de terceiros, mas, para a alma, reconhecendo naturalmente que morar dessa maneira é prazeroso e funcional, isso nem sempre impede que sejamos invadidos pela melancolia, pela tristeza, que haja desentendimento entre os moradores, ausência de união entre as pessoas e, consequentemente, de cooperação entre elas, faltando-nos, muitas vezes, a simplicidade que nos aproxima de coração para coração.

Isso não quer dizer que devamos desprezar as coisas boas da vida, mas, sim, compreender que, se as necessidades da alma não forem satisfeitas, cairemos no tédio de cuidar do nosso exterior, iludidos pela lacuna daquilo que não se consegue preencher interiormente.

Tudo pode ser muito bom, mas é preciso que a alma não seja esquecida.

Precisamos avidamente de paz de espírito, equilíbrio e ordem mental, confiança em nós mesmos, dar e receber afeto, bom humor na maior parte do tempo, esquecer o passado, cuidar da saúde como o "bem" mais precioso, confiar na bondade divina conectando-nos diariamente com ela, meditar alguns poucos minutos em silêncio interior, diminuindo o barulho da mente, não perder o foco do caminho a seguir na busca da realização, cultivar a prosperidade dentro e fora de nós como um dom da abundância divina natural e acessível a todos nós, agir de forma incansável e irrepreensível na ética e na disciplina, e semear a espiritualidade na base de todas as relações. Esses são os aspectos que poderão saciar as nossas necessidades de alma, na busca incessante da qualidade de vida em todos os níveis.

Olhar coisas bonitas faz bem ao espírito, mas fazer coisas que nos vinculem ao "bem comum" sacia a nossa alma.

Quais são as suas verdadeiras necessidades pessoais?

Onde encontrar o caminho do equilíbrio?

Os sábios costumam nos dizer que só encontraremos a verdadeira felicidade na pureza do nosso coração e na simplicidade verdadeira de nosso modo de ser.

Nesse sentido, posso ter muitas coisas e, ainda assim, sentir a alma plena por compreender e validar a presença dela em tudo o que eu fizer e em tudo que desfrutar.

Não quero e não preciso passar necessidades em minha vida, mas, se elas porventura aparecerem temporariamente em meu caminho, saberei transcender os obstáculos pela força da verdade da alma em mim, sempre atendida por mim mesmo em suas reais necessidades.

A alma saciada tem a força necessária para superar todas as vicissitudes do caminho e nunca se sente só diante do conflito, da perda, do abandono, da indiferença, pois ela se basta a si própria.

Reflitamos na importância da sua prioridade em nós e, a cada dia, busquemos alimentá-la com amor e luz, serenidade e alegria, na paz da realização plena possível a todos nós.

A resposta ativa da paz

Na base dos nossos relacionamentos diários, surgem conversas e fatos que geram os mais variados conflitos, favorecendo a troca de alfinetadas pessoais e incentivando as conhecidas "medições de forças", no sentido de apontar quem está ou não com a razão.

Levados pelo calor das disputas, palavras provocadoras nascem e se desenvolvem, incentivando verdadeiras guerras verbais, em que cada um se sente "dono" da verdade, agindo de maneira rude ou arrogante e colocando-se ilusoriamente acima do bem e do mal.

É nesse clima de deselegância e falta de bom senso que aparecem as maiores desavenças; surgem, na maioria das vezes, com pouca intensidade, e, na sequência, crescem assustadoramente, e não se sabe muito bem qual a medida das suas prolongadas repercussões.

Sim, somos todos humanos e aprendemos a reagir de maneira contundente a esse tipo de situação, mostrando igualmente nossas garras felinas muito bem afiadas, alegando nossa natural necessidade de proteção diante de tais circunstâncias.

Todavia, à medida que avançamos em nossa escala de valores evolutivos, novos paradigmas emergem da nossa vivência pessoal e vamos aprendendo a reagir de modo diferente, contendo os nossos impulsos de revide desgastante, abrindo espaço para uma nova conduta bem mais eficaz em sua ação do que as antigas atitudes, que só aumentam a densidade dos conflitos.

Da próxima vez que as estradas da vida fizerem você transitar pelos caminhos da provocação e da cólera, experimente dar um passo para trás, e examinando o interlocutor com bastante profundidade e ponderação, não responda nada num primeiro momento, respire fundo e, na sequência, experimente falar em nome da verdade, mas, se possível, sem agressividade na voz.

Evidentemente, quando a abordagem for perigosa ou evidenciar qualquer tipo de ameaça física, o assunto pede providências diferenciadas.

Nesse sentido, temos os nossos recursos de autodefesa ou, dependendo da situação, ficamos paralisados ante a iminência do perigo à nossa volta.

Referimo-nos mais especificamente aos aspectos comuns do cotidiano em que a troca de palavras se faz necessária e os atributos da saudável comunicação são fundamentais.

É preciso considerar, no entanto, que falar sem agressividade na voz não significa que devamos abrir mão da firmeza em nossos valores e posicionamentos pessoais, deixando que a verdade flua com dignidade e presteza.

Despojados dos reais valores que denotem a nossa verdadeira personalidade, perdemos a nossa identidade e, com isso, a nossa força de atitude, tornando-nos fracos e facilmente manipuláveis pelos outros.

Na resistência passiva inteligente, criamos mecanismos que "blindam" as reações que advêm da falta de controle, gerando um clima de paz e entendimento entre nós.

Talvez seja esse o "segredo" que fizeram os grandes homens e mulheres da humanidade deixarem suas inesquecíveis marcas pessoais, chamando a nossa atenção para seus feitos e notáveis biografias.

Estamos vivenciando tempos de muita ansiedade e depressão, medo e desconfiança, violência e ausência de paz de espírito, fruto de muitas ilusões em que desgovernamos os nossos sentidos, o que de fato acarreta muitos conflitos de comunicação.

A ganância desmedida, em que imaginamos ser o dinheiro a solução de todos os problemas, tem causado vários desconfortos à sociedade como um todo.

Lamentavelmente, pensamos ser os "donos da razão" e não abrimos mão de quaisquer conceitos sobre vários assuntos.

Nesse ponto, nascem as intermináveis discussões em que ninguém quer ceder, fomentando a discórdia e a desavença.

Não é que devamos aceitar tudo de qualquer jeito, mas torna-se mister direcionar a conversa para as vias do entendimento, a fim de que consigamos todos produzir mais alegria e paz em nossas vidas.

Cada dia que se inicia traz consigo uma nova oportunidade para praticarmos a resistência pacífica onde quer que estejamos e com quem convivamos.

Em casa, no trabalho, na rua, no transporte público ou em locais públicos com muita afluência de pessoas, seja um agente da paz, exercitando a ponderação tanto quanto possível.

Procure falar num volume razoável para que todos ouçam com a devida atenção, sem a necessidade de gritar para quem está assim tão perto.

Certas atitudes simples parecem ser muito óbvias, mas são de extremo valor na vida de todos nós.

Experimente agir na paz do bem comum, e um mundo de efeitos positivos recairá sobre a sua vida, trazendo a você não só as bençãos da prosperidade, mas também, e fundamentalmente, o amor em forma de saúde e longevidade a você e a todos à sua volta.

Não é difícil. Tente. Sua vida definitivamente mudará para melhor agora e sempre.

Seguidores por conveniência

Nos mais diversos aspectos da vida atual, percebemos as tendências cada vez mais presentes de pessoas que se permitem seguir rigorosamente os padrões vigentes determinados pela vida moderna, não importando muito se tais atitudes são coerentes ou não, compatíveis ou não com o seu modo de ser e viver.

Estilistas, designers, formadores de opiniões e de comportamentos, lançadores de modismos diversos, esforçam-se sobremaneira para trazer e traduzir elementos novos capazes de atrair as atenções de consumidores cada vez mais ávidos por novidades de todas as formas e maneiras, formando assim a cultura do "descartável", *"one way"*, isto é, utilizar e livrar-se logo do "bem" ou "serviço" para, na sequência, buscar no "novo" qualquer "nova" sensação.

A habilidade louvável desses incríveis profissionais nas criações de suas atividades tem sido a mola propulsora do mundo, gerando empregos nos mais diversos segmentos em escala mundial, ativando o comércio e possibilitando que a nova tecnologia possa favorecer a vida de todos nós, abrindo portas sociais e fomentando o progresso inevitável.

Que tudo isso tem o seu grande significado na vida, ninguém será insano a ponto de negar. Todavia, em meio a essa enorme conquista alcançada, estamos conseguindo nos felicitar, isto é, estamos de fato trazendo para os nossos corações a alegria de uma vida de melhor qualidade?

Sentimo-nos mais realizados por tudo aquilo que temos vivenciado, principalmente nos grandes centros urbanos, onde os avanços são mais notórios?

A questão vai além de viver o progresso natural, englobando como poder adequar a modernidade a uma vida o mais feliz possível.

Alguns valores éticos mostram-se fundamentais para que tais percepções apareçam com mais evidência. Nesse sentido, condutas pessoais, tais como honestidade, transparência profissional, solidariedade, cooperação, paciência, não julgamento, motivação, minimização da crítica, alegria, fé, simplicidade, conscientização do seu real valor e também dos outros, podem ser a grande diferença entre viver internamente com qualidade e simplesmente "passar por aqui".

Os avanços da ciência, auxiliados pela modernís-sima e sofisticada tecnologia, igualmente trazem-nos motivos de sobra para comemorar a diminuição das nossas dores físicas, de nossos desconfortos emocionais. Novas e anatômicas próteses facilitam a vida de inúmeras pessoas que sofreram acidentes com graves lesões corpóreas, estudiosos e especialistas médicos refazem rostos deformados por circunstâncias trágicas, novas plantas de efeito medicinal possibilitam curas diversas a velhos males humanos, novos meios de transporte aéreos, terrestres e marítimos cortam os ares, oceanos e estradas com velocidades surpreendentes.

O que dizer então dos nossos novos meios de comunicação, sendo que cada vez mais parece que estamos mesmo vivendo em uma "aldeia global", onde num simples toque tudo se torna acessível?

Se nos lembrássemos de todos os motivos que temos para falar das belezas e surpresas da vida moderna, talvez não sobraria espaço nesse breve relato de reflexões a que nos propusemos realizar para descrever tudo o que vemos e até aquilo que ainda não conseguimos absorver, de tão novo que é...

Podemos viver todas essas coisas, sim, por direito adquirido como cidadãos, mas não nos esqueçamos que a verdadeira simplicidade de caráter na convivência pode representar dias mais felizes.

Vale dizer que podemos diminuir os nossos pesados índices de aflição vivendo mais especificamente o tempo chamado "agora", desacelerando a nossa mente, reconhecendo que o "futuro" é um jogo de probabilidades e que não é inteligente cultivar a ansiedade provocadora de estresse, buscando conectar-se com a Força Divina Universal, que não possui nenhuma "bandeira religiosa", e sim força de amor irrestrito.

Devemos treinar atitudes para substituir o medo pela confiança em nossa capacidade de realização, reconhecendo que agimos exatamente da maneira como nos vemos nas situações, com uma autoestima bem alicerçada ou com graves deformações que habitualmente nos impedem de ser feliz.

Não é preciso muito para chegar a isso, e nem é tão impossível assim ter um nível de felicidade satisfatório.

Basta que reaprendamos a nos ver com olhos de autoapreço, considerando cada aspecto do caminho em suas peculiaridades e, sobretudo, buscando dentro de nós mesmos os recursos que a nossa inteligência por certo nos dará em benefício.

Nunca se sinta só!

Lembre-se que, de alguma maneira, a vida lhe trará os recursos necessários para vencer as dificuldades, seja através de um amigo, de um livro ou de uma palavra de alguém bem-intencionado, algo virá em seu benefício.

Fique no seu bem verdadeiro!

Quando nos posicionamos firmes, com propósitos e focos definidos e claros, tudo passa a convergir em nosso favor.

Não se permita atormentar e nem deixe que a sua "mente dramática" tome conta dos seus pensamentos.

Há muita coisa que já pode ser feita.

Por isso, apazigue o seu coração e siga em frente!

Aqueles que se fazem vencedores são os que, em meio às lutas, nunca desistem do melhor em si, para si e para os outros.

Vá e seja um deles!

Saber e fazer

Nada nessa vida tem mais importância que o conhecimento adquirido em nossas experiências e vivências pessoais, fruto das muitas passagens que nos alcançaram ao longo do caminho.

Aspectos que surgem de improviso, situações inimagináveis que ocorreram conosco ou com pessoas próximas, enfermidades que "do nada" resolveram morar conosco ou em nossa casa, pessoas que partiram sem que ao menos tivéssemos tempo de dar-lhes um adeus condigno, os recursos financeiros que tinham um certo "destino" em nosso planos e que tiveram de ser desviados para necessidades outras, afetos que pareciam ser sólidos o bastante para durarem uma vida desfazem-se como que por encanto, e nossas convicções que pareciam inabaláveis a respeito de muitas pessoas desmancham-se sem explicações, sendo que tudo isso desafia a nossa inteligência e a nossa capacidade de "lidar" com as circunstâncias.

Todos esses exercícios que acontecem diariamente na vida de todos nós, com características peculiares e particulares de cada um, são treinamentos fundamentais para o nosso crescimento pessoal e espiritual.

Eclodem em enorme profusão atualmente os mais variados conceitos acerca da vida, não faltando todos os tipos de receitas de "bem viver", alertando nos roteiros conhecidos da autoajuda toda a sorte de opções e alternativas de caminhos, cada qual oferecendo certa dose de felicidade, prosperidade e conforto àqueles que seguirem os seus preceitos.

Em certa medida, tais proposições têm caráter sensato ao mencionarem estratégias de determinação pessoal, dedicação e consciência do foco a ser buscado.

Todavia, a questão é um pouco mais profunda, pois, do ponto de vista teórico, temos conhecimento de muitas coisas e, a cada dia, surgem novas opções ou receitas do que fazer para ser feliz.

O cerne da questão está na ideia do quanto retardamos o processo de colocar em prática aquilo que já sabemos, e que não é pouco...

Você naturalmente já deve ter ouvido falar na "regra áurea", isto é, "não faça aos outros aquilo que não deseja para si mesmo".

Estamos vivendo uma época em que a "inversão de valores" parece estar contagiando os costumes, e a vida em sociedade vem se desgovernando como uma espécie de trem fora dos trilhos, desfigurando talvez um dos aspectos mais nobres do ser humano: a "ética" no modo de agir com os semelhantes.

Saímos dos tempos da "barbárie" e substituímos a "força" pelo "direito", numa evolução natural de nossos costumes, conquistando uma vida social mais organizada e funcional.

Mas, apesar das conquistas inequívocas alcançadas, ainda assistimos a enorme contingente de espertalhões e aproveitadores daqueles que se fazem ainda um tanto ingênuos, manipulando-os ao seu bel-prazer, criando dependentes de toda natureza, impingindo medo e constrangimento nas ilusões pueris dos poderes transitórios que ostentam.

Nenhum de nós, no entanto, encontra-se fora do âmbito das leis divinas universais, isto é, o tempo demonstrará que os abusos cometidos contra quem não aprendeu ainda a defender-se de tais predadores se voltarão contra os infratores em lições duras de aprendizado penoso e significativo.

Pensemos bem. Quantas oportunidades surgem diariamente à nossa volta para experimentarmos um sorriso amigo, uma atenção a quem encontra-se aflito, uma explicação calma a um desconhecido que indaga pela melhor opção de caminho, a uma pessoa angustiada por ter se metido em situação complexa sem muita opção de saída a curto prazo, alguém que perdeu uma pessoa importante em sua vida, alguém que perdeu a motivação para viver, alguém com o coração em desalento por causa de um parente próximo em grave enfermidade, alguém sem trabalho, sem família, sem rumo, sem "ombro amigo", sem afeto para compartilhar, perdido no pesado labirinto dos vícios, sem dinheiro para suprir as suas necessidades, sem ter onde morar, alguém traído sem ter momentaneamente em quem confiar?

É bem verdade que, muitas vezes, não somos dotados dos recursos de que as pessoas precisam naquele exato momento, e nem podemos fazer mais nada, além de única e exclusivamente escutar.

Existiria, no entanto, recurso mais importante do que oferecermos um pouco da nossa atenção e presteza a essas pessoas em momentos como esses?

É preciso tão pouco para fazer o bem!

Diante do muito que você sempre teve, pense um pouco nos momentos em que você precisou de fato da ajuda ou colaboração de alguém e, por interferência da Providência Divina, "mãos amigas" surgiram não se sabe muito bem de onde, auxiliando-o naquele instante de dificuldade, trazendo um certo "livramento" do problema, possibilitando o alívio.

O segredo de "viver bem" é "fazer" o bem!

De nada vale tudo aquilo que entesouramos em nosso arcabouço cerebral se não colocamos em prática.

Sabemos que, para se fazer o bem, é preciso perspicácia e inteligência afim de que não nos iludamos com falsas necessidades, mas é preciso começar para que aprendamos o mais depressa possível.

Façamos nossa parte com realismo e sem pieguice.

Seja ético!

Com certeza sabemos muito pouco nessa vida, mas esse pouco que sabemos pode ser exatamente tudo que alguém de fato está precisando para viver melhor.

"O Bem é a sua maior defesa!"

Não espere mais!

A bondade divina, a ética pede atitude para que os verdadeiros valores de uma vida mais feliz possam de fato estar presentes e atuantes.

A percepção da nova consciência

O mundo avança rapidamente para novas formas de interpretação e adaptação, movido pela força da modernidade nos mais diversos setores da vida humana.

A palavra de ordem é "inovação" em todos os sentidos, e não há tempo hábil para a repetição pura e simples de velhos dogmas que dominavam os nossos costumes.

Antigas crenças sobre o funcionamento das coisas mais banais cedem lugar a novos mecanismos e exigências, apontando na direção de uma tendência cada vez mais evidente de que sempre haverá um novo jeito de tornar velhos sistemas mais interessantes e funcionais.

Atualmente, tudo vai se tornando descartável cada vez mais rápido, e a durabilidade é questionável, sendo que o "externo" é superficial, o consumo deve ser para "hoje", a "produtividade" tem que ser muito ativa, ou seja, nos dias de hoje, o que vale é a aparência.

Há "formadores de opinião" para quase tudo o que se intitula "politicamente correto", induzindo a massa para essa ou aquela atitude, roupa, carro, corpo modelado, cabelo, pele, costumes, maneiras de falar, dançar, músicas, o que comprar para ser feliz, que remédio utilizar etc.

Inútil pensar em qualquer detença nessa marcha inexorável do progresso da humanidade.

No entanto, o culto ao externo nos leva de forma natural a questionamentos sobre o índice de alegria verdadeira e felicidade que advém de tudo isso, reconhecendo que, por trás da luz do progresso, surge um imenso vazio, em que nosso espírito não se sente preenchido e muito menos realizado em sua caminhada.

Nesse ambiente conflitante entre o brilho da vida externa e a verdadeira necessidade interior, surge a "nova consciência", fazendo-nos repensar o valor verdadeiro de cada circunstância em nosso mundo atual.

Uma nova consciência nasce como se o espírito que rege a vida soprasse numa direção diferente, trazendo de volta valores que estavam invertidos, enfatizando em todos nós a imperiosa necessidade de uma ética em todos os níveis, chamando a nossa atenção para o descaso com que vínhamos nos relacionando em sociedade, mas também incentivando-nos a cuidar de nós mesmos para sair de vez desse autoabandono e do vitimismo, assumindo responsabilidade real pela nossa felicidade.

Ética nos costumes

Todos nós assimilamos comportamentos aprendidos desde o berço que influenciam os nossos costumes e atitudes, modelando o nosso modo de ser e de se colocar em nossa vida em sociedade.

Cada cultura reflete uma maneira de levar a efeito o conjunto de leis que regem as suas próprias constituições vigentes, buscando organizar, pelo direito, uma vida produtiva e satisfatória.

As diferenças que encontramos entre os povos salientam quantas posições diferentes podem existir no modo de interpretar a vida, sendo que o que se torna válido para um determinado país pode ser completamente proibido em outro, nas mais diversas circunstâncias.

No entanto, apesar de todos esses contrastes entre as nações e entre as pessoas, existe um ponto em comum entre todas as culturas que chamamos de ética nos costumes.

A necessidade de vivermos uma verdade clara esculpiu em nossas consciências um bom senso natural que nos faculta a compreensão de que não devemos transgredir a liberdade alheia, assim como clamamos pelo respeito à nossa liberdade individual.

É como se uma mão invisível escrevesse, em nossos códigos pessoais, regras áureas de respeito ao próximo em todos os sentidos da vida, qualquer que seja a bandeira defendida pela pessoa ou o seu ponto de vista em relação a essa ou aquela situação.

Numa época em que vemos tantas mãos furtivas envolvidas em interesses escusos, delitos inescrupulosos de todos os matizes, gente enganando os outros pela ganância de alguns trocos a mais, indiferença cega às verdadeiras necessidades alheias, efetivamente temos a sensação de que estamos vivendo um retrocesso social, em que não se sabe muito bem o paradeiro de tamanha sandice.

Todavia, na história da humanidade, apesar de assistirmos à aparente vitória do mal, reconhecemos que ninguém engana a vida como pensa e, no conjunto de tudo, cada ação gera uma repercussão correspondente, ou seja, cada um recolhe o resultado do que faz a si próprio e aos outros.

A ética nos costumes é a única condição capaz de fazer a vida em sociedade organizada funcionar de modo a gerar progresso e prosperidade, elevando os seus membros a uma altura digna, enfatizando o bem-estar de todos.

Você poderia perguntar: o que significa a ética nos costumes de um modo geral?

Ética nos costumes significa ter consciência clara dos nossos direitos e deveres em relação aos outros e, assim, estamos na verdade fazendo algo a nós mesmos.

Fazendo o seu melhor para você e a sociedade, sua contribuição terá um valor inestimável.

Negue-se a fazer parte de qualquer ação duvidosa que possa lesar pessoas, tripudiar sobre a ingenuidade dos outros, maltratar pessoas queridas por mesquinhos interesses, sentir-se arrogante perante a dificuldade de compreensão alheia.

Seja uma pessoa que joga no time do bem verdadeiro, sem medo de vestir a camisa da humildade, capaz de fazer da sua generosidade a sua maior fonte de expressão individual.

O mundo precisa da sua contribuição. Não se deixe levar apenas pelo jogo enganoso das aparências e faça a sua parte.

Acredite nas suas possibilidades e siga em frente sem pestanejar. O melhor da vida ainda é você quando opta pelo bem no seu caminho.

Um tempo chamado agora

Com base na linha de tempo que define o nosso caminho evolutivo, compreendemos, por esse mesmo princípio que funciona de forma linear, que não existe possibilidade natural de voltarmos ao tempo chamado passado, a não ser pelas repercussões dos fatos que já se foram ou pelas marcas energéticas em nossa memória, reproduzindo nas lembranças de diversos tipos as impressões fortes de passagens boas ou difíceis que vivenciamos ao longo da nossa história.

Nossa mente, que é um atributo essencial do nosso espírito, continuamente busca em seus arquivos aspectos específicos que, revelando-se uns aos outros, originam em suas respostas emocionais diversos estados de ânimo que vão desde a euforia até a tristeza profunda, despertando componentes que jaziam adormecidos em nós.

Tais episódios são como fragmentos de alma que se destacam de nós e se aprisionam naquelas experiências, trazendo-nos percepções que nos induzem a sentirmo-nos incompletos no tempo presente, pois alguns focos nossos permanecem nos tempos que já se foram, evocando impressões do ontem latentes em nós.

Para resgatarmos nossas almas, trazendo-as para o tempo presente, de modo a favorecer a ideia de estarmos mais "inteiros" no que estamos fazendo agora, é preciso exercitar constante e diariamente o aqui-agora-tempo-espaço, isto é, focar a nossa atenção no momento que estamos vivendo, pois tudo o que pode ser importante para nós só será verdadeiro e realizável se for exatamente no instante presente.

Se as lembranças do passado podem criar situações que nos fazem sentir culpados ou deprimidos, de maneira análoga o tempo chamado futuro nos causa, por meio das aflições e ansiedades, diversos fatores que induzem problemas emocionais pela falta de paz que acarretam.

Vivem-se hoje as preocupações diárias de todas as angústias pertinentes à vida moderna, em que grande parte da população mundial urbana, e por que não dizer da periferia e do interior também, sofre com os efeitos dessa pressão social, levando-nos a refletir sobre o preço que estamos pagando pelo progresso e a consequente modernidade.

Ainda que precisemos planejar nosso futuro com metas e prioridades de nosso interesse, só poderemos realizar tal atividade no tempo presente.

Se nós conseguimos vivenciar única e exclusivamente o tempo chamado agora, por que desperdiçá-lo com coisas inúteis e sem sentido, menosprezando as oportunidades que a vida nos concede?

Só você tem poder, autonomia e autoridade suficientes sobre si mesmo para fazer as suas próprias escolhas e decidir o que considera mais importante para o seu momento. Sendo assim, não despreze a força da oportunidade.

Temos uma enorme tendência a lamentar o tempo perdido, sem contudo ter a percepção clara da importância do tempo que passa célere por todos nós, como se uma espécie de auto-hipnose coletiva nos adormentasse sem que nos apercebêssemos do que de fato podemos fazer para que as nossas realizações se concretizem.

É sempre você quem se leva!

Não nos permitamos repetir o mesmo *script* que coloca a culpa por tudo de mal que nos acontece nos outros, pois estamos cientes de que isso não funciona em termos práticos.

O que realmente nos auxilia em momentos dessa natureza é compreendermos que tipo de lição a vida está querendo nos ensinar; refletirmos com bastante clareza sobre o que está por trás de tais acontecimentos e consultar a intuição no sentido de saber o que se pode fazer nesse instante de agora, diante dessa situação.

As circunstâncias nos imprimem mudanças naturais a cada dia, direcionando-nos para a maturidade por meio da vivência pessoal. Com isso, vamos crescendo em conhecimento e confiança na vida, o que é um binômio fundamental para que tudo se harmonize entre o dentro e o fora de nós.

O passado, às vezes, é forte como uma espécie de polvo a nos agarrar com seus tentáculos e, nessas horas, enfrentamos grandes dificuldades para nos desvencilhar, porque somos levados a recordar aspectos que não temos vontade de largar, considerando que coisas interessantes também se foram, imaginando que o futuro, em nossa fantasia, pode não ser tão bom assim.

Se as coisas foram boas ou não, o fato é que elas já se foram.

Por que sofrer pelo que já passou se não existe possibilidade de voltarmos a viver algo que já está escrito na nossa história?

Todo esse conteúdo faz parte da nossa biografia, e não há nada que possamos fazer.

O presente é um tesouro sempre novo de oportunidades, escrevendo novas páginas sempre mais interessantes e repletas de novidades, de vitalidade, em que a nossa mente possa reconstruir os momentos mais belos que nos permitimos vivenciar, e em que o nosso espírito, renovando-se a cada dia, busque aprender a amar e sentir-se amado, soltando a alma de coração aberto para que a sabedoria que nos ensina a compaixão faça parte naturalmente do nosso modo de ser .

O passado foi.

O presente é!

O futuro virá como um jogo de probabilidades.

Faça a sua escolha e seja imensamente feliz!

As ilusões das conquistas fáceis

Não raras vezes, encontramos os conhecidos propagandistas das conquistas fáceis alegando possuir técnicas incríveis capazes de atingir os mais diversos objetivos em prazos muito curtos e sem maiores dificuldades.

Prometem os "céus" a todos aqueles que se enveredarem pelas escolhas das suas técnicas, dizendo terem auxiliado centenas de pessoas, quase sempre por preços irrisórios, buscando convencer os incrédulos preguiçosos de que tudo não passa de decidir pelos caminhos acertados dos seus manuais e que, em um tempo *record*, tudo se consegue sem o menor esforço.

As tentações de encontrarmos atalhos fáceis não são privilégios dos tempos modernos, pois encontramos muitos exemplos, ao longo do caminho percorrido pela história, que trazem inúmeras narrativas dessa natureza, o que nos faz pensar que muitos acreditam nessa possibilidade, sim.

Evidentemente, não somos daqueles que valorizam a "cultura do sacrifício", isto é, não endossamos a ideia de que aquilo que tem valor nasce sempre da dificuldade, enfatizando o pensamento de que tudo o que é difícil tem mais valor em função dos problemas superados para vencer os obstáculos.

Somos partidários de que nossa inteligência deve ser instigada constantemente diante do confronto com os problemas, pois, desse exercício maravilhoso, quantas soluções nascem até mesmo das necessidades, levando-nos a soluções práticas e brilhantes.

Tais desafios acontecem na vida de todos nós, estimulando nossos recursos cerebrais a se mobilizarem na constante busca de saídas pelo bom senso e pela intuição, recursos que estão à nossa disposição a cada minuto.

Observe que tudo na vida obedece a um espírito de sequência, sendo que a natureza segue a sua trajetória com base nas Leis Cósmicas Universais, ou seja, nada ocorre antes do tempo previsto dentro desse mecanismo natural, embora a nossa costumeira pressa habitualmente nos leve a atropelar as etapas do processo em curso.

O mundo hoje é dinâmico e possui um ritmo até certo ponto acelerado, mas não podemos confundir dinamismo com desatenção às etapas de cada evento, sob pena de vermos nossos projetos pessoais ruírem por falta de estrutura que os mantenha em movimento.

As vitórias não precisam ser necessariamente difíceis para serem válidas, mas não podemos menosprezar a dedicação e o empenho na manutenção do foco a se alcançar, nem deixar de lado a perseverança e a paciência, atributos fundamentais para atingir metas.

A experiência de vivenciar cada fase dos seus projetos pessoais constrói de forma clara os requisitos de uma maturidade alcançada apenas mediante a aquisição de conhecimentos, permitindo ver com clareza o significado de cada aspecto superado e auxiliando a encontrar recursos para vencer igualmente os que ainda estão em curso.

Temos uma espécie de bússola interna chamada "intuição" que costumeiramente, quando se dá a ela a devida atenção, pode nos indicar com muita nitidez, e até com certa lucidez, como lidar com as dificuldades que eventualmente estejamos enfrentando.

Se a sua intuição não é acionada por você com frequência, peça direção às Forças Divinas Universais, Deus, e, com um pouco de sensibilidade, você achará respostas às suas dúvidas. Para isso funcionar é preciso fazer um pouco de silêncio em seu interior, a fim de que o barulho natural das ideias conturbadas não dispersem você do seu foco de interesse.

Diminuir o ruído que as tempestades mentais habitualmente fazem em nosso espaço interno, isto é, o espaço que costumamos chamar de "nós mesmos", é imprescindível para o sucesso de nosso direcionamento das ideias.

Sabemos que o ato de relaxar não é tão simples para quem nunca experimentou os seus resultados, pois geralmente se considera perda de tempo acalmar o coração e a mente quando o assunto envolve decisões importantes, sejam elas de cunho profissional ou pessoal.

O processo de relaxamento, que mais adiante segue o seu curso em um caminho natural chamado "meditação", é largamente utilizado pelos orientais e moderadamente por nós, ocidentais. Auxilia nas decisões da vida, tendo já alcançado vitórias expressivas, pois traz realização e paz de espírito — lembrando que agem de maneira muito dinâmica nas situações.

Desejamos vencer, sim, e não temos muito tempo para decidir nossas ações, mas, para termos êxito rápido, não podemos nos esquecer de diminuir as nossas ansiedades, pois elas nos transmitem sofreguidão e inquietude em nosso mundo mental.

Permita-se criar, dentro do seu dia, um tempo breve, que poderá ser de cinco a dez minutos, até mesmo em seu local de trabalho, e procure esvaziar a sua mente dos rumores incansáveis que passeiam pela sua cabeça.

Ao sentir a sua mente mais livre e vazia, suas melhores ideias e consequentemente suas mais refinadas "escolhas" emergirão de forma muito original e viva, incentivando-o a ser um vencedor cada vez mais presente e responsável pelo próprio sucesso.

Assim fazendo, você vence as ilusões dos caminhos enganosos e segue pelo seu próprio empenho e dedicação.

Experimente. Você só tem a ganhar com essa atitude.

Relaxe e perceba, meditando de forma breve, mas sem pressão.

Sentindo, você pensa! Pensando, você realiza!

Realizando, sem dúvidas, será mais feliz!

Acordar enquanto ainda é dia

Em meio às inúmeras aflições que surgem dentro e fora de nós, quase sempre o tormento interno se configura como companheiro assíduo dos nossos dias, exigindo de nossa parte pesadas demonstrações de habilidade no trato com as situações do cotidiano.

Extenuados pelo enorme cansaço físico e emocional a que tais aflições nos remetem, desconectamo-nos de nossa motivação natural, caindo numa espécie de letargia provocada pelo desânimo, em que o desinteresse por muitas coisas surge como foco principal, gerando mesmice e falta de vitalidade.

É compreensível que estejamos pagando um alto preço pelo advento da modernidade tecnológica, pois a velocidade com que o progresso se instala, propagando-se em nosso meio, é absorvida sempre de forma gradual pelos nossos recursos de inteligência, que vão processando tudo isso como podem.

A doença chamada "aflição" parece estar na pauta diária de grande parte da humanidade, que sempre encontra motivos para preocupar-se com algo que já foi, que está ou que ainda poderá chegar, em quase todos os departamentos que compõem a organização social.

Nesse sentido, não se pode ter um ambiente interno que nos leve à paz porque sempre há algo em maior ou menor escala para nos lembrar de que estamos vivendo tempos aflitos e de que não há nada que se possa fazer para estancar esse movimento.

À medida que os mecanismos que provocam as aflições se tornam ainda mais presentes, o nosso cérebro, identificando a delicadeza do movimento, reage a isso espontaneamente e cria uma resposta de dessensiblização a muitos aspectos emocionais.

Essas respostas emocionais diminuem nossa capacidade de percepção em alguns pontos de vista, para evitar justamente que venhamos a sofrer muito mais do que já estamos sofrendo.

Com isso, tornamo-nos indiferentes à maldade humana, talvez porque estejamos já um pouco acostumados à dor alheia.

Sentindo-nos relativamente impotentes para modificar esse quadro, não acreditamos muito em uma eventual mudança de paradigma. A partir daí, o descaso dentro de cada um de nós parece inevitável.

Passamos pela vida como se estivéssemos dormindo diante dessa realidade, anestesiando nosso potencial criativo de mudança verdadeira, embora quem nos observe de fora talvez nos considere pessoas bem resolvidas, com uma aparente normalidade sempre pronta a se manifestar quando necessário.

Os desafios da vida muitas vezes são pesados fardos que nos propomos a carregar, seja em nome daqueles que amamos ou das diversas circunstâncias que nos visitam.

Porém, quanto mais incomuns nossos desafios, mais nossa inteligência criativa sente-se estimulada a encontrar atitudes e respostas que possam nos ajudar a solucionar tais enigmas.

Para acordarmos desse sono hipnótico a que nos reportamos, não basta dizermos simples palavras mágicas de autoapoio, e sim começarmos a praticar atos e atitudes com verbalização consciente, tirando proveito da dificuldade e transformando-a em incentivo às boas obras, isto é, ao bem verdadeiro.

Essa iniciativa precisa ser levada a efeito durante o dia, quando tudo se torna mais claro e passível de lucidez, permitindo uma visão periférica realmente presente em que todos os assuntos que nos digam respeito passem pelo crivo honesto do nosso bom senso nessa apreciação.

Iniciando esse processo de autoconscientização, procuremos perceber mais detalhadamente a força das nossas palavras, analisando se elas constroem ou destroem situações, se nossas críticas são pesadas demais aos outros e a nós mesmos, se somos gananciosos ao extremo, se nos entregamos ao desânimo sem força de vontade para prosseguir, levantando nossas atitudes para sairmos radiantes de nossas conhecidas aflições pessoais.

Não será preciso esperar pela noite escura da estrada sem recurso de iluminação para sairmos de semelhante torpor emocional.

A sua intenção voltada ao Bem será seu constante farol diante dos escuros trechos na jornada, bastando para isso que você se conecte com a bondade divina, pedindo orientação e um caminho a ser seguido pela sua inteligência.

Acorde para essa verdade enquanto ainda é dia para que possa ver com clareza e precisão todas as saídas, pois, enquanto a claridade ainda nos felicita o caminho, tanto mais fácil será para nós seguirmos nosso sentido de direção com a devida segurança.

Sabemos que muitas vezes não temos ideia de como dar os primeiros passos nessa direção, e nem o que fazer com as nossas aflições mais comuns, que já se tornaram hábitos diariamente presentes.

Se esse for o seu caso, nesse seu momento de agora, peça direção espiritual a Deus, que o inspirará, não importando a bandeira religiosa a que você se filia, para o sentido de coerência mais favorável no seu caso.

Comece a diminuir o ritmo das suas repetitivas reclamações acerca de tudo e todos, numa indignação sistemática que o acompanha há tanto tempo, e inicie uma nova proposta de vida que permita que você goze de mais felicidade e alegria.

Valorize o terreno conquistado por você e tudo o que já passou e venceu, assumindo a nova postura de saber que somente no Bem poderá haver paz e tranquilidade.

Quanto aos assuntos que não dependam da sua ação pessoal, aprenda a saber esperar, pois que a sábia mão do tempo agirá no reequilíbrio de todos nós.

Avance sem temor porque ainda é dia. Mas não se esqueça de que o dia passa muito depressa e, quando menos se espera, a noite cai, dificultando sobremaneira tudo à sua volta!

A realidade que você ajuda a fazer

Quando enxergamos a vida pela ótica da nossa visão pessoal, percebemos com muita clareza que nem sempre aquilo que parece ser, de fato, é.

Arvoramo-nos em juízos de toda natureza em fatos que nos são passados por outrem, sem nos atentarmos se as bases de nosso modo de ver a situação são porventura sensatas ou lógicas, e passamos adiante na eventual certeza de que tudo aquilo que acabamos de ouvir ou ver é verdadeiro.

Nossa visão da realidade ainda navega pelas águas dos dramas aumentados, o que nos faz falar sempre mais do que realmente percebemos. Tendemos a fazer isso porque precisamos nos sentir queridos e amados, e um pouco de atenção às nossas narrativas nos dá a ideia de que somos muito importantes e queridos naquele momento.

Como nossa autoestima costuma sofrer oscilações muito grandes e comumente nos sentimos inadequados ou menores, apelamos para nos fazer notar, trazendo as histórias alheias sempre com pitadas de exageros a fim de que nos ouçam com atenção e respeito.

O que dizer, então, das línguas espicaçadas da malícia que sempre encontram recursos que tragam interpretação dúbia, criando imagens muito bem adornadas pelas nossas palavras que possam gerar conceitos e preconceitos sobre os outros, formatando ideias e fantasiando atitudes e caminhos supostamente percorridos pelos outros?

Somos, portanto, nesse sentido, formadores e criadores de opiniões e de realidades, instalando na mente e no coração daqueles que nos ouvem a discórdia, a desqualificação, e tingindo de tons enegrecidos aquilo que desejamos expressar sobre determinadas pessoas.

É bem verdade, também, que não é de bom alvitre dizermos que tudo na vida é simplesmente cor-de-rosa apenas a pretexto de fazer média para algumas pessoas, sobretudo aquelas que nos despertam algum interesse pessoal.

A vida também é feita de desafios que muitas vezes não são pequenos e exigem a nossa atenção, dedicação e tenacidade com disciplina para alcançarmos os resultados que buscamos em forma de realização pessoal.

Nessa reflexão sobre esse tema, com que olhos você se enxerga nesse instante de vida pelo qual você está passando?

Da mesma forma, com que lentes você se observa, de que maneira você vê a vida das outras pessoas que fazem parte do seu mundo? E a daquelas que se fazem famosas, também chamadas de celebridades, por algum aspecto em que se destacam?

Há muitos veículos de comunicação que sobrevivem às custas de pessoas famosas, como jornais, revistas, programas de TV, programas de rádio, sempre prontos e disponíveis para falar dessas pessoas, tendo a responsabilidade de serem formadores de opiniões sem se importarem muito se esse sensacionalismo é verdadeiro ou falso, apenas validando sempre o que "vende" e nada mais.

Todavia, somos todos responsáveis pelas imagens que as pessoas criam de nós, tanto quanto pagaremos um alto preço pelas imagens distorcidas da verdade também veiculadas em nós.

O fundamental é perceber a que damos importância em nosso modo de ver e a que não damos importância.

Importar significa trazer de fora para dentro, isto é, do externo para o interno, sendo que, se dermos acolhida a uma ideia vinda de fora, falada por alguém, a partir desse momento a nossa visão de realidade se transforma naquilo que validamos por dentro.

É oportuno, de quando em vez, limparmos a nossa lente da vida, desembaçar nossas visões dramáticas e destrutivas, em que o vitimismo e a negatividade parecem desencadear até doenças de etiologia obscura, gerando desânimo, separando pessoas que se querem bem, propagando a fofoca, a mentira, a desconfiança, a crueldade, instituindo a inquietação e o desassossego, por onde tal visão da realidade se manifeste.

Da próxima vez que você for convidado a opinar sobre a conduta de alguém, perceba a importância dos seus comentários e, embora não sejamos ingênuos a ponto de não reconhecer certos desmandos que as pessoas possam estar produzindo, sinta no seu coração como é possível atenuar a forma de ver.

Lembre-se que não somos juizes capazes de julgá-los com sentenças fortes e definições difíceis e, ainda que fôssemos juízes por profissão, precisaríamos aprender a ouvir todas as partes envolvidas para formular uma ideia mais clara que nos facilitasse o veredicto.

Com base em nossas opiniões pessoais, fazemos escolhas e decidimos tudo na nossa vida, sendo que, dessa forma, ter opiniões é fundamental para nortear os caminhos a serem percorridos.

Ter opiniões, sim, mas sempre por meio do exercício do discernimento.

Julgar, não, pois nossos julgamentos são muito humanos e ainda carecem de sabedoria e vivência.

Desperte para uma visão de realidade mais amadurecida em que as pessoas sejam vistas como elas de fato são, isto é, com virtudes próprias de um lado e com inúmeros aspectos a serem educados de outro, nas lições de todos os dias que a vida costuma nos trazer.

Aprenda a lançar mão do seu sentir, percebendo dentro de si exatamente o que é, não o que parece ser.

A vida é racional, mas também é intuitiva.

Sua intuição movida pelo Bem levará você a criar realidades muito mais seguras e plenas, e poderá enxergar o mundo de outro modo. Para isso, basta confiar, saber esperar, exercitar, e a realidade criada por você será abundante na paz e na plenitude interior.

Comece já. Experimente já. Aproveite!

O tempo será o que você fizer dele.

Você visto pela sua própria lente

Desde que chegamos a este mundo, somos impelidos a criar algumas imagens de nós mesmos que nos caracterizam em essência, o que somos para nós mesmos e como nos vemos diante da vida em sociedade da qual fazemos parte.

A forte figura dos pais, os parentes mais próximos sempre à volta, a presença de inúmeros amigos que fazemos pelo nosso caminho, aqueles que não simpatizam conosco de modo algum, bem como as experiências afetivas a dois, constituem elementos fortes de impressão em nossa convivência que são determinantes diretos de nossa visão de nós mesmos.

Você já parou para pensar que todas as suas escolhas e decisões pessoais estão conectadas à sua lente, isto é, ao modo peculiar como você se vê?

Se você se considera uma pessoa determinada e ousada, que não tem medo da vida, ainda que os desafios surjam diante dos seus olhos, você os encara com respeito pelo que significam, mas não se atemoriza em momento algum, salvo em situações de perigo iminente, e nunca se acovarda diante dos fatos, fazendo o seu melhor em cada situação e levando a vida para a frente sem "dramas" ou vitimismo.

Já na situação antagônica a essa, na qual tudo à sua volta parece ser ameaçador e perigoso, não raras vezes atraímos complicações diversas, seja de caráter físico ou psicológico, espiritual ou sensitivo, que nos levam a experiências menos felizes em que a cada dia tudo parece dar errado, ser incompleto e, sobretudo, irritadiço.

Pelo natural receio de perder o suposto afeto que os outros têm por nós, criamos uma visão de nós mesmos bastante distorcida e acabamos pagando um alto preço por essa autodesconsideração.

Querendo nos moldar ao modo como imaginamos que os outros gostariam mais de nós, fazemos muita arte cênica, falamos o que habitualmente em outras situações nunca diríamos, vestimos peças de roupas incômodas que não combinam com o nosso gosto natural, servimo-nos de comidas ou bebidas extravagantes, gastamos os recursos financeiros sem o desfrute prazeroso que poderíamos ter, apenas para nos sentirmos aprovados e queridos em nosso meio social.

Desconectados do nosso verdadeiro "eu", passamos a viver personagens diversos, com visões deformadas de nossos conteúdos autênticos, em uma vida de artificialidades em que o supérfluo parece ser mais importante que o necessário.

A estrutura psicológica conhecida como "ego", também chamada de "falso eu", exerce enorme influência nesse processo, ditando regras que nos permitimos obedecer, sem nos questionarmos se tais caminhos do raciocínio são coerentes ou não, pois, para o "ego", há sempre comparações, competitividade, falsa inclusão social, soberba, arrogância, orgulho, vaidade, sem contar o enorme vazio a que ele nos expõe quando as coisas saem diferentes do planejado, frustrando expectativas e nos levando ao amargo sabor das derrotas.

É verdade, também, que aprendemos muito com os nossos equívocos e desilusões oriundas dos desencantos da vida, o que amadurece os nossos sentimentos e educa as nossas emoções a cada passo.

Talvez seja exatamente esse o momento de puxarmos pela nossa "inteligência", mudando inteiramente o "foco" sempre voltado para o "ego", que resulta em manifestação da "mente", direcionando-o para o sentir, a fim de que possamos voltar a buscar dentro de nós as verdadeiras respostas que a nossa alma sabe e quer.

Quando dirigimos ao nosso sentir a pergunta "Isso é bom para mim?", encontramos respostas muito diferentes das que o "ego" costuma responder. Comece a cultivar a ideia de não se colocar mais contra você.

Mesmo que tenha percebido que fez alguma coisa considerada errada porque machucou pessoas queridas, ou mesmo algo contra si próprio, não brigue com você, com esse "juiz" interno implacável que só serve para sentenciá-lo e, naturalmente, condená-lo com profundidade.

Em vez disso, faça uma releitura da situação relembrando todo o percurso da questão e, se ainda assim reconhecer o seu deslize, proponha-se a fazer diferente numa próxima oportunidade e não se coloque numa penitência infinita; alegre o seu coração por aprender a lição que o fará sentir-se bem melhor das próximas vezes.

A vida tem sempre uma lição nova na cartilha das relações humanas para que nos tornemos fortes e seguros na caminhada.

Na verdade, o mundo é dos fortes em todos os segmentos, pois é na força deles que o progresso se instala na Terra, gerando determinação e ousadia, perseverança e estratégia para cada movimento.

Não se permita mais conduzir-se pelas linhas da baixa autoestima, reagindo às ideias que jogam sempre pesado para o pior, modificando a linha do seu pensar para a direção do bem verdadeiro que nasce do seu sentir.

Dê a você uma nova chance. Você merece!

Aproveite o seu tempo disponível para refazer e repensar os seus objetivos e metas, lembrando que o único tempo possível para isso se chama agora.

Perceba que os fatos do passado nada mais são do que os seus dados biográficos e que aquilo tudo, de fato, já passou.

A semeadura é agora.

Semeie uma nova visão de você, perceba o quanto você já caminhou pelo terreno conquistado, descubra um novo jeito de se amar.

Afinal, se você ainda não consegue nem se amar, como pode imaginar que o que você sente por outro alguém é verdadeiramente amor?

Descubra-se no bem e seja feliz!

A espiritualidade e o verniz social

Muito se comenta atualmente a respeito da espiritualidade e dos atributos que correspondem à sua dignidade no que concerne aos aspectos éticos que a envolvem, ressaltando suas características por aqueles que a professam nos serviços prestados ao bem comum.

Independentemente de qualquer bandeira religiosa que a inspire, vemos todos os dias pessoas iluminadas na mente e no coração realizando bondade e gentileza, firmeza e generosidade a muitos que se encontram desorientados e perdidos diante das inquietações e perigos da vida, estendendo-lhes as mãos de forma incansável, beneficiando-lhes com a fraternidade possível, oferecendo a paz que se pode alcançar em cada situação.

De um modo geral, temos a convicção de que o mundo seria muito menos atribulado e penoso se tais pessoas existissem em maior número, agindo em nossa vida de sociedade, espalhando as bençãos da cooperação e semeando a concórdia entre todos nós.

No entanto, existem incontáveis pessoas que, embora respeitadas pelo que realizam em suas atividades, carregam apenas o rótulo de espiritualistas, mas, no contexto de cidadãos comuns, mostram-se completamente alheios às verdadeiras necessidades humanas, agindo friamente e legislando unicamente em causa própria, insensíveis aos grandes e graves problemas sociais, alardeando benefícios que não passaram pelas vias de seus próprios corações.

Entende-se por espiritualistas aqueles que enxergam além dos aspectos puramente materiais, isto é, alcançam além do que é aparente, percebendo o que vai na origem das circunstâncias e buscando, na medida do possível, contribuir para minimizar a dor e a aflição das pessoas, não no sentido puramente salvacionista, mas compreendendo que talvez disponham de recursos maiores que possibilitam alguma saída estratégica que ofereça apoio e segurança.

Há substancial diferença entre saber e fazer ou falar e concretizar.

Muitos sabem e poucos fazem.

Nesse sentido, muitos companheiros de jornada vendem a imagem de uma pessoa altamente espiritualizada, com fotos muito bem tiradas em revistas e jornais, fazendo com que as trombetas soem quando realizam algo em favor de alguém, mas no contexto pessoal não são capazes de atender um familiar querido que lhes peça auxílio em questões simples do dia a dia, alegando falta de tempo, na displicência e no descaso.

Uma coisa é o que ele "é", outra coisa é o que ele precisa "parecer ser", na aprovação do "verniz social" que alimenta o sentido do "ego", conhecido como o "falso eu", e que atrai tanta gente na ilusão de que, agindo assim, apenas no interesse superficial, conseguirão conquistar a tão sonhada paz dentro de si.

A estratégia utilizada pelo "ego" para atingir seus objetivos passa pelos caminhos da sedução e da vaidade, da falsa projeção social e da arrogância, incentivando a ideia de que, se conseguirmos o prestígio por fora, da mesma maneira conseguiremos vencer nossos vazios interiores e tudo o mais será muito fácil em todos os sentidos.

Para a estrutura psicológica egoica, sempre haverá na pauta social a comparação entre as pessoas, formando paralelos competitivos para verificarmos quem será o vencedor ante os conceitos do público em geral, pois todo vencedor parece ser muito feliz em sua jornada.

É verdade também que não podemos nos iludir com a ideia de que somos os "salvadores" do mundo, carregando os problemas de todas as pessoas e acreditando que Deus, em sua bondade infinita, nos outorgou a sublime missão de resolver todos os problemas alheios, partindo para o lamentável abandono de nós mesmos e de nossa necessidade de nos educarmos.

Perceba em que ponto da jornada você se encontra.

Reflita de verdade: quantas coisas já fazem parte do seu repertório de conhecimento acerca da vida e quantas delas você já se dispôs a colocar em prática?

Muita informação já foi disponibilizada a você, que já conhece grande parte das sutilezas do caminho e que continua a esperar pela sua ação decisiva, numa protelação descabida, em que muitas vezes somos a voz da reclamação contra tudo e todos, mas ainda adiamos, conscientes ou não, uma atitude mais pertinente, esperando que o mundo ao nosso redor melhore para que comecemos a agir.

Não há mais tempo a perder com o "verniz social".

A vida tem pressa, passa rapidamente, e pede "compressa" para quem está vivenciando a "dor" emocional e física, espiritual ou afetiva, profissional ou familiar. Nas escolas ou nas ruas, nos hospitais ou nos presídios, nos lares ou nos bares, nos lupanares ou nos campos esportivos, nas creches ou nos sanatórios, nas delegacias, nos clubes noturnos de alto nível ou nas empresas de qualquer porte sempre há pedintes mudos requisitando a nossa atenção de verdade.

Sempre haverá algo que se possa fazer para minimizar as dores humanas, bastando para isso um pouco de boa vontade em nossos corações e uma dose de coragem para que ousemos fazer algo, mas que isso seja agora, hoje, já.

Amanhã talvez seja tarde demais para uma simples ação sua em favor de alguém ou de si mesmo, pois também somos portadores de necessidades e responsabilidades conosco no que se refere a escolhas pessoais.

Algo que esteja a seu alcance, isto é, dentro do que é possível realizar, pode ser feito sem qualquer ônus ou prejuízo pessoal.

Jogue fora o desperdício do verniz social e, com a coragem de ser simples e funcional, extermine o vazio que infelicita o seu coração e faça alguma coisa dentro das suas possibilidades.

Não se preocupe se você ainda não sabe bem o que deve ser feito.

Peça à bondade divina a inspiração para o seu verdadeiro caminho, e constatará, surpreso, que o roteiro surgirá claro, indicando a direção a tomar dentro e fora de você.

Espiritualizar-se de fato é necessidade real.

Verniz social é ilusão vigente e fictícia.

Não tenha medo de arranhar a sua imagem quando agir em nome do bem comum.

O bem verdadeiro é o retrato da eternidade.

A tecnologia e a felicidade

O mundo nos surpreende a cada dia com os avanços inquestionáveis da tecnologia moderna, chamando a nossa atenção em quase todos os setores da existência, enaltecendo a inteligência humana a patamares nunca vistos em outros tempos.

Novas e convenientes facilidades aparecem, trazendo comodidade aos mais recônditos lugares do planeta, minimizando problemas, estendendo benefícios, multiplicando recursos de toda ordem e abrindo possibilidades diversas, plasmando na diversidade dos múltiplos setores da vida socialmente organizada toda sorte de forças motivadoras e de criatividade.

Quem de nós se colocaria no lugar daqueles que negam a importância capital do progresso em nossas vidas?

Haveria, para a humanidade, outro caminho na organização do planeta que não passasse inevitavelmente pelas estradas bem consolidadas do progresso em geral?

A velocidade das informações hoje em dia é tão intensa e numerosa que muitos de nós temos enormes dificuldades para assimilá-la a contento, deixando escapar grande parte do total, pelo imenso volume de novidades que surgem todos os dias, nos mais variados pontos do globo.

Por outro lado, apesar do avanço de tudo o que concerne à praticidade, produtividade e facilidades da moderna tecnologia, encontramos o homem perdido e inseguro, completamente distanciado do seu referencial pessoal de felicidade verdadeira, tentando desesperadamente encontrá-la no brilho das coisas externas, mas sem o sucesso esperado.

Não podemos descartar a ideia de que as coisas bonitas, às vezes caras, mas funcionais, são em si mesmas atraentes e trazem certas sensações de prazer, o que de maneira geral desperta a cobiça, a vontade de tê-las não só pelo seu senso de estética, mas pelo valor artístico implícito em seus atributos.

No entanto, nem sempre os que as conseguem adquirir se permitem entregar-se à felicidade verdadeiramente, embora haja poucos que as valorizem e fiquem feliz por poder desfrutar delas.

A ideia de felicidade tornou-se tão extremamente sofisticada que, no consenso geral, para que nos sintamos felizes é preciso primeiramente "ter" incontáveis bens de consumo duráveis ou não, sem os quais dificilmente chegaríamos a um determinado patamar de felicidade verdadeira aos olhos do mundo.

Esquecidos de que felicidade é um estado de autopermissão, isto é, que ser feliz envolve o conceito de se permitir inteiramente desfrutar com intenso prazer algo livre atuando em nosso mundo interior, imaginamos que as sensações das coisas externas possam nos proporcionar tal estado, o que, em última análise, só internamente pode acontecer pela experiência única que é o nosso "sentir".

Paradoxalmente, muitos são os contrastes entre o progresso tecnológico e a felicidade, fazendo com que paguemos altos preços pelas exigências da modernidade e possibilitando que repensemos ideias e ideais na tentativa de reencontrar o caminho do mais "simples" que nos permita viver com qualidade de vida interior.

A liberdade de sermos "nós mesmos" como sabemos ser parece ser o referencial de si próprio perdido em algum ponto da estrada, e que nos empurra para a necessidade da aprovação social, sendo que o que vale é o "parecer ser" em detrimento do conceito do "ser verdadeiramente".

Quanto mais máscaras ou "personas" utilizamos no trato social, mais somos publicamente tachados de "normais", o que nos garante uma falsa imagem de aprovação social pelos grupos que nos rodeiam.

Doce ilusão!

Com auxílio de aparelhos telefônicos móveis minúsculos, conversamos com nitidez espantosa com pessoas de qualquer parte do planeta, que cada vez mais é chamado de "aldeia global", bastando para isso simples toques de sequência numérica, comunicando-se em segundos com fidelidade. Ao mesmo tempo, não conseguimos nos comunicar com a mesma fidelidade com as pessoas à nossa volta, carregando enormes dificuldades de comunicação e nos impondo enormes barreiras para dizer simplesmente o que estamos pensando.

Nunca, em tempo algum, a medicina esteve tão avançada e evoluída, minimizando as dores humanas e fornecendo alívio a tanta gente. Paradoxalmente, nunca houve tanto descaso e descomprometimento com a saúde, como ocorre no caso das pessoas hipocondríacas, empanturradas de remédios e desinformadas dos excessos de medicação mal orientada, principalmente aquelas que tratam aspectos psicoemocionais — sendo que esse ranking de desequilíbrios é liderado pelo pânico e pela depressão.

A agricultura e a pecuária desenvolveram-se de forma notável em todo o mundo, com tecnologias de ponta e maquinário sofisticado no incremento na produtividade, mas nunca antes fora visto tamanho desperdício de alimentos, que se perdem nos lixões em torno das cidades, aliado à impressionante fome e miséria de expressivo número de pessoas, pela imensa indiferença que se dá aos grupos menos favorecidos, pois ninguém mais se lembra que uma simples "sobra" de comida pode alimentar alguém antes de se tornar lixo.

A eletricidade move o mundo e possivelmente também moverá todos os meios de transporte, mas não moverá os nossos motores pessoais a que chamamos "vontade própria" se não nos fizermos mais felizes agora, pela nossa atitude de assumir a responsabilidade por nossa felicidade.

O computador ajuda, mas só a inteligência criativa constrói.

O carro nos leva, mas só a alma nos transporta à felicidade.

O sexo nos dá prazer, mas só o amor o faz de forma duradoura.

A tecnologia e o progresso formam um binômio fundamental ao mundo, mas só mesmo a alma simples e imortal, amando e permitindo ser amada, poderá usufruir da verdadeira felicidade e da paz imperecível.

A viagem das palavras

Nos primórdios da humanidade, o homem criou uma sutil combinação de sons específicos que pudesse favorecer a comunicação, possibilitando e tornando viáveis as relações.

Nas mais longínquas regiões do planeta, tais emissões sonoras foram adquirindo aspectos específicos de acordo com as características de cada grupo étnico, fomentando o surgimento de enorme contingente de idiomas que dão à Terra singularidades concernentes aos seus hábitos e costumes naturais.

A isso demos o nome de "palavras" em nossa língua portuguesa, os sons que representam o que expressamos em nossa comunicação habitual.

Assim como na Física, as palavras que saem de nossas bocas produzem deslocamentos de ar correspondentes, o que na verdade equivale a deslocamentos de energia pela força que produzem e pelos efeitos de que são fontes geradoras.

Não importa o idioma, as palavras carregam em seu bojo muito mais do que simples significados expressivos, isto é, interferem energeticamente tanto em quem a emite como naqueles a quem se direcionam, resultando em ações e reações de múltiplas formas e significados.

A força de seus efeitos energéticos está na razão direta das reais intenções por trás das suas emissões.

O que queremos dizer com as nossas palavras nasce da verdade dos nossos desejos ocultos, verbalizados com endereço certo e propósitos bem definidos que alcançam seus alvos rapidamente, despertando em seus contatos estados de guerra ou paz, alegria ou tristeza, trabalho ou preguiça, amor ou ódio, desentendimentos ou harmonia, dor ou prazer, cooperação ou indiferença, indignação ou compreensão, amizade ou adversidade, e tantos outros estados transitórios presentes nas relações.

Palavras vão e palavras vêm, e, nessa incrível viagem por dentro e por fora de nós, reconhecemos o seu poder passando por nossa sensibilidade, alterando os nossos estados de alma, influenciando as nossas decisões e destinos, produzindo fatores curativos ou induzindo-nos a enfermidades de acordo com o peso que lhes atribuímos.

Tudo aquilo que validamos com a nossa anuência mental, ou seja, quando consideramos importantes tais palavras para nós, essa energia geradora de impressões torna-se verdade em nosso mundo íntimo e, nesse sentido, passamos a vivenciar a repercussão dessa energética em nosso dia a dia, reverberando tudo o que deriva de sua fonte geradora em nós.

Daí a importância das verdadeiras intenções presentes na escolha das palavras, porque a elas associamos imagens interiores que se refletem em nossa "tela mental" e que, fatalmente, atingirão os interlocutores com mais ou menos força de impressão.

Quem de nós nunca se viu às voltas com palavras duras, de efeito moral intenso, em uma conversa delicada e difícil sobre temas que nos remetem aos assuntos do coração?

Há uma frase atribuída ao Senhor Jesus que diz: "A boca fala do que está cheio o coração". Essa conhecida frase, repleta de sabedoria, espelha com exatidão a clareza da imagem que vem à nossa mente: as verdadeiras intenções que reforçam energeticamente o valor das palavras e que dizem tudo no ato de se comunicar.

É preciso distinguir agressividade de firmeza.

Quando nos comunicamos com firmeza na voz, isso indica consciência de posicionamento, não nos deixando influenciar em demasia pela opinião das pessoas, embora as respeitemos pelo que significam em nossa caminhada.

Já quando falamos com agressividade na voz, estamos na energia de guerra contra alguém ou um grupo de pessoas, o que significa estarmos em posição de combate e, consequentemente, na vontade de que o "mal" recaia sobre os interlocutores para que nos sintamos vencedores.

As diferenças são muito grandes.

Você tem consciência do nível de influência que as palavras que saem da sua boca e do seu coração exercem?

Reflita um pouco sobre o peso do que diz.

Lembre-se de como foram importantes para você certas palavras de pessoas amigas que, no momento oportuno, surgiram sem que você esperasse, acalentando suas ideias e ideais, trazendo um bálsamo para a sua alma no aconchego da compreensão amiga, abraçando-o sem abraços, isto é, envolvendo-o com a energia do amor fraterno que dá incondicionalmente.

Suas palavras representam uma das partes principais de seu tesouro pessoal pelo que podem construir nos corações alheios e, da mesma forma, em seu próprio coração.

Aos mais doentes, palavras que curam.

Aos que caíram em desalento, palavras de soerguimento espiritual.

Aos que choram, palavras de reconforto.

Aos que se revoltam, palavras de paz possível.

Aos que desistiram de amar e viver, palavras de amor e vida eterna.

Aos preguiçosos, palavras de amor ao trabalho.

Aos que se sentem menos e se fazem pequenos, palavras de valorização e grandeza que refletem a obra divina.

Aos que despencaram nos abismos das viciações infelizes, palavras de elevação moral e amor-próprio.

Enfim, quando o deserto das aflições arde nos corações à sua volta, suas palavras podem se tornar a água do bem que rega o terreno seco, levando abundância e a benção da vida.

Não perca o foco

As virtudes mais importantes do ser humano só são atingíveis em sua plenitude quando perseveramos na direção dos focos iniciais, não permitindo distrações e nem desvios que nos desconectem de nossos objetivos de alma.

Levados sutilmente pelas ilusões do mundo, onde o brilho das conquistas miraculosas aparece sem a devida adestração pelas experiências que norteiam nossas vidas, somos impelidos a modificar as nossas rotas e roteiros verdadeiros, pegando atalhos que aparentam ser muito mais fáceis, seguros e confiáveis, pois encurtam em muito o tempo para chegarmos ao que queremos e precisamos.

Naturalmente, utilizar recursos de inteligência que possibilitem diminuir os níveis de obstáculos que inevitavelmente desafiam nosso trabalho é exercício pessoal e intransferível de todo ser humano que deseja crescer e evoluir.

Nesse sentido, estamos sempre estudando e descobrindo novas estratégias que nos ajudem a minimizar os problemas e favoreçam nosso crescimento pessoal e social.

É imprescindível, porém, que não percamos o nosso foco.

Antes de qualquer coisa, é importante que saibamos claramente o que queremos (de alma) alcançar e que tenhamos consciência lúcida de que seremos de fato mais felizes se concretizarmos tais metas.

Você consegue perceber o que realmente quer? Isso de fato representa a sua vontade interior ou é apenas modismo passageiro com prazo de validade curto e perecível?

Repare como vamos mudando o nosso querer nas diversas fases da nossa vida, pois o que fazia sentido tempos atrás talvez hoje não tenha a mesma representatividade e nem seja tão importante assim.

Não acontece o mesmo com o nosso foco "de alma". Ele não se deixa contaminar, porque a alma tem um roteiro preestabelecido de realizações com um forte sentido de determinação a cumprir, como algo que não deve esperar e nem ser desviado do caminho originalmente proposto pela vida.

A pessoa que possui um foco de alma direcionado para algo sabe que tem um caminho a percorrer e compreende que também precisará de adaptações diversas para concluir seu projeto em tempo hábil.

Mas, no meio do caminho, surgem diversos episódios que tentam nos desviar de nossas metas, levando-nos a longos devaneios que enfraquecem os nossos reais propósitos, confundindo e dispersando-nos daquilo que queremos conquistar.

Dificilmente alguém terá a mesma ótica que temos sobre determinado assunto, pois cada um enxerga a vida em seus movimentos, pelas suas lentes pessoais e com opiniões próprias sobre as coisas, o que é muito natural.

Por isso mesmo, a força da sua visão sobre o que você realmente quer é só sua e de mais ninguém.

Do ponto de vista prático, se o seu foco é de "alma", não há espaço para interferências externas, embora tenhamos respeito e compreensão por aqueles que comungam com opiniões diferentes das nossas, pois talvez expressem o desejo de nos ajudar.

Ajudar sim, mas interferir no processo, não.

Fico pensando nas grandes figuras da humanidade — cientistas renomados, pesquisadores incansáveis, industriais com inteligência fulgurante, mestres orientais e ocidentais na arte do bem-viver, artistas inesquecíveis, músicos virtuosos, pessoas comuns, mas de grande significação e bondade em suas realizações e conquistas de todos os matizes, profissionais dos mais diversos setores da sociedade —, se eles não tivessem se centrado nos seus respectivos focos de alma e nem trazido para o mundo as insubstituíveis bençãos das suas realizações, a favor do bem comum.

Se você ainda não percebeu qual é o seu verdadeiro foco, pare de observar um pouco o lado externo das coisas e comece a mudar o sentido da atenção para o seu interior.

Peça a Deus intuição clara e simples do que você realmente quer e veio fazer neste mundo para dar a sua contribuição ao planeta.

É preciso atenção e intenção para se chegar a isso e compreender como iniciar mais decisivamente o seu processo.

Não basta apenas saber, é preciso começar a fazer.

Hoje vivenciamos a cultura do fazer simplesmente por fazer, sem uma consciência do que está sendo feito e por quê. Não é isso.

Saber é fundamental e nasce da alma, que conhece muito bem, ainda que de forma intuitiva ou instintiva, o que deve ou não ser prioritário.

Fora de nós, a vida pulsa e se agita, mostrando o brilho das coisas do mundo, e tudo isso é muito bonito e interessante.

Mas, ainda assim, não perca o foco.

Levante a cabeça e siga na direção do seu alvo original; assim, a sua realização concreta será apenas uma questão de tempo.

O mundo tem fome de grandes projetos pessoais e interpessoais e, sem dúvida alguma, o seu está lá na pauta das nossas necessidades reais, esperando apenas pela sua importante participação, trazendo para a matéria a sua "divina" realização.

Não desista! Mude de estratégia

Quando um objetivo surge claro em nossa rota de intenções, o nosso foco dispara na direção de concretizá-lo o mais rapidamente possível, colocando a nossa força disponível a serviço da sua realização.

Elaboramos cuidadosamente cada passo do projeto em questão, arquitetando em etapas definidas qual a melhor maneira de alcançá-lo, pesquisando recursos diversos, informando-se sobre o tema, conversando com pessoas experientes que possam fornecer dados e informações pertinentes ao assunto, pedindo ajuda a quem sabe mais do que nós a respeito, querendo, de verdade, chegar ao ponto específico desejado.

No entanto, em meio à nossa condição de empenho sobre tudo isso, comumente surgem as forças contrárias, interessadas em atrasar tais objetivos ou ainda, se possível, impedir que sejam alcançados.

São pessoas que surgem "do nada", sem que você as tenha convidado, com argumentos dos mais diferentes matizes para convencê-lo a desistir da ideia e nem um pouco interessadas em conhecer as suas verdadeiras razões para executar tais objetivos.

São imprevistos com os quais você não contava, seja no campo financeiro, na saúde, na vida afetiva, na família, no trabalho, na parceria com amigos, que afetam as suas bases, indicando a necessidade imperiosa de adiar suas metas para outra ocasião.

É bem verdade que, na vida, quando não estamos amadurecidos o suficiente para determinados cometimentos, os sinais para que o assunto seja levado a efeito mais adiante surgem de forma expressiva em muitas dimensões do entendimento, levando-nos a ponderar que o agora ainda não é propício para a sua realização.

Mas isso não quer dizer que devamos desistir de nossa empreitada, principalmente quando a nossa alma fala com clareza, abertamente, da importância do assunto para nós.

Fico pensando no que seria das nossas grandes conquistas e descobertas científicas, industriais, médicas, psicológicas e tecnológicas não fosse o espírito perseverante e disciplinado de seus grandes pesquisadores que, dando vazão às suas intuições realizadoras, conseguiram implementar o avanço mundial, facilitando sobremaneira a vida moderna, permitindo que tais facilidades chegassem até nós nos mais variados setores.

Se esse é o seu caso, não desista! Mude de estratégia.

Às vezes, torna-se mister modificar caminhos, eliminar pontos mal esclarecidos, repensar passo a passo se não há maneiras de encontrar atalhos úteis, rever os conselhos das pessoas mais experientes para enriquecer as ideias.

É preciso confiar muito no processo intuitivo, que costuma nos presentear com recursos preciosos quando damos a ele a devida atenção, direcionando caminhos de saída para cada obstáculo.

Também é de fundamental importância confiar no invisível, isto é, confiar nas forças divinas que sempre estão à disposição, a nos inspirar, quando abrimos um canal de conexão por meio da oração ou da meditação, do relaxamento e da pausa interior, a fim de conhecermos o que é melhor para nós em cada situação.

Se um projeto espontâneo e verdadeiro surge em seu coração, e pelo seu bom senso você o considera importante não apenas para a sua felicidade pessoal, mas para a sociedade, não o desconsidere ou negligencie.

Parta para a sua realização o mais rápido possível.

Não temos mais tempo a perder com reclamações descabidas e lamentações infindáveis, pois, a cada dia que passa, o minuto precioso não volta mais.

Ainda que muitos o considerem um visionário sonhador, não veja a si mesmo sem o apoio da autoconsideração e siga em frente.

Há pessoas que sentem enorme dose de prazer ao denegrir as iniciativas de outras, procurando diminuí-las ao máximo para se sentirem superiores devido à baixa autoestima que sustentam.

Não seremos nós os juizes que sentenciam tais pessoas, mesmo porque, sempre que caímos na ingenuidade do julgamento de quem quer que seja, fatalmente seremos observados pelas mesmas lentes impiedosas que estamos utilizando.

Não se trata de pensar mal delas, e sim de pensar bem de nós.

Nem sempre conseguimos vencer as chibatas do desânimo em nosso íntimo, que começam de forma amena e costumam crescer de maneira rápida e contumaz.

Lembre-se de que tudo passa!

Se tentações da desistência surgirem fortes e a resistência estiver pronta para "entregar os pontos", não desconsidere as forças que fizeram com que você iniciasse esse caminho, respire fundo e, pedindo a Deus forças e ânimo, vá em frente!

Não há noite que consiga deter a força da aurora!

Por mais escuro que pareça estar, e por mais lento que o movimento das horas pareça se mostrar, a chegada do sol é inevitável porque é a vontade maior, que assim seja. É lei ! E, como lei, precisa vigorar a despeito de quem quer que seja.

Diz a voz do povo que "o Universo conspira a nosso favor" se estivermos evidentemente posicionados no nosso bem a favor da vida.

Tenha, portanto, a coragem de posicionar-se e confiar, agindo sempre no seu bem.

Se assim for feito, espere, pois "Deus já estará providenciando o restante".

De que lado você está?

A Terra agoniza. Estamos vivendo dias de transformações imensas em todos os setores da nossa vida comum. Não me refiro somente aos aspectos relacionados à questão ecológica e ambiental, mas também àqueles que se vinculam à ética, já que os valores parecem estar invertidos e, aparentemente, levar alguma vantagem sobre os outros, seja em que sentido for, é o caminho que muitos buscam avidamente.

De tal sorte, esses conceitos se infiltraram em nossas vidas, e isso passou a ser tido como algo normal. Motivados pelas ilusões ingênuas das vitórias fáceis, segue o enorme cortejo dos que se vangloriam de tais feitos, esquecendo-se de que somos todos regidos por leis universais que regulamentam as nossas relações sociais e afetivas. Essas Leis, cujo funcionamento independe de religião, sexo ou nível social, agem e interagem em nosso meio, aguardando pacientemente o momento oportuno de se fazerem presentes, não mimando ou excluindo quem quer que seja. Silenciosamente e sem alarde, vem o dia em que a pessoa tem um encontro marcado consigo, vivenciando experiências muitas vezes amargas no aprendizado intransferível de todos nós.

Estamos numa fase de enormes mudanças de costumes, graças aos avanços tecnológicos que fazem parte do dia a dia de todos nós. Não importa a bandeira religiosa a que você se filia. Daí, eu pergunto: de que lado você está? Sentimos necessidade de engrossar as fileiras daqueles que ainda acreditam em nossa capacidade de mudar as coisas, agindo da forma mais transparente possível. Você está desiludido e pensa que não há mais tempo de virar esse jogo? Engana-se, meu amigo. O tempo é agora! Pare de reclamar da sorte, do mundo, das pessoas, dos afetos e desafetos; levante-se e faça alguma coisa. Melhore essa sua autoestima tão machucada pela vida, acredite de novo em você, dê uma nova chance a você mesmo, use o seu potencial de inteligência, seja firme e generoso com você e com a vida. Sua presença é insubstituível nesse contexto.

Venha, junte-se a nós e faça parte de uma nova atitude em relação à vida. Desapegue-se do passado e siga. Cuide com carinho de você e dos seus. Arrume-se bem, não lhe faltará trabalho. Se foi injustiçado, deixe a lei universal cuidar do caso. Com certeza, ela se fará presente. A Terra está mudando. Mude você também e assuma o seu lugar de importância social. Hoje é o dia. Agora é a hora. Venha!

Para ganhar, às vezes é preciso ceder

Nos mais variados aspectos da existência, há momentos que pedem decisões rápidas e firmes, sob pena de gerarmos e convivermos com enormes conflitos dentro e fora de nós, o que nos impele a agir em consonância com o bom senso e a ética, que nos remete a ponderar com imparcialidade sobre todos os assuntos em questão.

Quem de nós não se vê, de quando em vez, na necessidade de opinar neste ou naquele aspecto, semeando o entendimento tanto quanto possível ou fazendo o papel do querosene inflamável e combustível, produzindo e fomentando a discórdia e as lutas, o que naturalmente torna-se fator gerador de desalinhos e brigas intermináveis.

Aprendemos, desde muito cedo, a defender e a zelar pelas nossas ideias e pontos de vista, e isso é bastante útil em muitos aspectos da jornada, principalmente quando precisamos assumir com coragem determinadas posições e posturas pessoais a benefício do bem comum, sem medo do que possam eventualmente pensar de nós, mas com a determinação de quem conhece muito bem o caminho percorrido e vivenciado.

No entanto, há circunstâncias em que é imperioso renunciar à ideia de que você está sempre certo e, nesse sentido, o mundo parece girar única e exclusivamente em torno das suas convicções.

Nem sempre é assim, pois, por mais que sejamos articuladores e manipuladores inteligentes, a vida sempre nos levará às nossas lições mais imediatas.

A pretexto de estarmos quase sempre com a razão, alimentamos indisfarçável arrogância e esnobismo, aspectos que, indubitavelmente, não combinam com aqueles que se destacam na arte de decidir com sabedoria e clareza em sua direções.

Às vezes, realmente, ganhar significa ceder.

À medida que amadurecemos o nosso modo de viver a vida, mudamos o nosso modo de pensar e de agir motivados pelas experiências passadas, inclinando-nos a novas reações e posicionamentos.

Pense com calma sobre quanta coisa aconteceu em sua vida nos últimos tempos, a rotatividade de pessoas que passaram por ela, as situações desafiadoras e repentinas que desencadearam efeitos diversos, o número incontável de imprevistos indesejáveis, e perceba quantas e importantes lições já fazem parte do seu imenso acervo de conhecimentos adquiridos.

Efetivamente, a bondade genuína não pode ser vista como ingênua porque, dessa forma, sem a sinalização de parâmetros que a identifiquem com clareza e firmeza, as pessoas manipuladoras e maldosas aproveitam-se de tais situações, agindo de forma tendenciosa e coercitiva.

A assertividade nas relações humanas, isto é, posicionamentos firmes e equilibrados, quando se faz presente e atuante, geralmente traz grandes possibilidades de entendimento por estar alicerçada na verdade real que reina entre as pessoas.

Nos jogos pessoais tanto quanto nos jogos comerciais, há momentos em que, em benefício da harmonia de alguém ou de algum grupo, torna-se mister ceder a certos pontos de vista mais inflexíveis e teimosos em excesso, adocicando o tom de voz carregado com a agressividade costumeira, evitando que as pessoas fragilizadas emocionalmente, psicologicamente e espiritualmente venham a ser afetadas pela conduta.

Não se trata, naturalmente, de incentivarmos os desmandos do "mimo", que costuma anestesiar as verdadeiras iniciativas da ousadia necessária, neutralizando a produção da força com que precisamos seguir adiante para vencer nossos limites.

O assunto em questão pede atitudes ponderadas e reflexão a um só tempo.

Quando a vida nos concede a possibilidade de mandar ou de comandar alguma coisa, seja lá o que for, tal situação confere o gosto pelo "poder" e, nesse sentido, parece que o prazer de ser obedecido compete a quem dita e direciona ordens, uma sensação muito forte de ter, ainda que por instantes, pessoas para lhe servir.

Responsabilizar-se por dirigir grupos grandes ou pequenos, na família ou no trabalho, nas relações sociais ou em atividades de caráter religioso ou espiritual, é "divina tarefa" para a qual somente pessoas direcionadas por Deus são escolhidas, pela delicadeza da atividade.

Não gostamos de mudar nossas convicções pessoais e muito menos de mudar nossos comportamentos comuns apenas por considerar que não cedemos às pressões de quem quer que seja, isto é, "sou assim", "penso assim" e ponto.

Ser firme de verdade é, de fato, muito importante. Mas ser flexível quando a vida pede e o bom senso recomenda é sábio.

Observe os sempre presentes sinais de cada situação e, utilizando a enorme capacidade intuitiva que lhe possibilita perceber e reconhecer a estrada mais justa, decida-se por aquilo que lhe parece mais adequado e lúcido, sendo o bem coletivo a opção mais próxima do seu coração.

A vida nem sempre é "sim", e o "não" é a medida mais adequada e positiva em certas situações.

Mas lembre-se: embora o "não" seja a resposta, ele pode ser trajado de veludo, isto é, tornar-se presente sem o recurso da agressividade que vocifera nossas lamentáveis limitações interiores.

Ninguém precisa provar do veneno que expressamos em insatisfações criadas dentro de nós.

Basta um simples e firme "não"!

O resto a vida se encarrega de fazer na existência de cada um de nós.

Aprendamos a ceder à intuição e ao bom senso em cada ação que nos visita, e tudo se transformará cada vez mais em paz e felicidade geral.

Não é isso que tanto sonhamos e queremos?

É só experimentar para vivenciar e aprender.

Lar, espelhos e reflexos

Indubitavelmente, a vida em família é uma das nossas mais desafiadoras experiências em grupo, pelas suas naturais características de aproximar e reunir pessoas das mais variadas condições, incentivando ao convívio comum pensamentos e expressões humanas de tendências diversas, no exercício diário de estar lado a lado com os outros.

Atraídos pelo magnetismo natural que nos conecta uns aos outros pelas leis divinas que determinam o plano divino de cada um de nós, isto é, o roteiro criteriosamente preparado para que aprendamos a arte da convivência, vamos nos aproximando "de mansinho", como se uma estranha força nos puxasse para perto das pessoas certas e, assim, ainda que de forma temporária e finita, iniciamos a nossa caminhada rumo à maturidade em grupo.

Todos nós queremos e desejamos ardentemente uma família unida e estruturada em bases de harmonia e entendimento, cooperação e equilíbrio, em que a amizade e o apoio recíproco possam estar presentes na maior parte do tempo possível e tudo possa se concretizar de forma calma e organizada.

No entanto, para edificarmos um grupo que possa se assemelhar a essas características de ação, torna-se necessária, antes de qualquer iniciativa nessa direção, uma imensa dose de paciência.

A paciência é absolutamente necessária porque as pessoas não vêm prontas e, não raras vezes, trazem vários traços de personalidades diferentes das nossas, exigindo uma espécie de lapidação constante no dia a dia, tanto quanto nós, que igualmente precisamos nos educar para que a paz seja mantida e preservada, possibilitando um clima de colaboração entre todos.

Os pais, vindos de educações e vivências pessoais muito diferentes, tentam se adaptar no cadinho das experiências afetivas motivados pelos primeiros raios do amor conjugal, em que, retirados os véus dos mistérios que cobriam a sexualidade de ambos, tudo parece caminhar para a rotina, mostrando que a vida a dois é muito mais do que simplesmente lençóis macios, e que o "gostar verdadeiramente" é fundamental para o sucesso do empreendimento familiar.

A pergunta simples diz: "Quando todos os prazeres do sexo naturalmente são saciados, sabendo que para nós é de importância crucial como alimento para o corpo e a alma que ele naturalmente é, proporcionando troca energética em tudo o que produz, o que sobra dentro de cada um?".

Temos assistido a um enorme desfile de corações vazios e iludidos com a ideia de que somente saciando a fome do corpo físico na prática irrestrita do sexo será possível saciar igualmente a fome da alma, cuja necessidade de se sentir querida vai muito além de tudo isso.

A convivência verdadeira pede mais, muito mais.

Mais tarde, vêm os filhos. Sejam eles do primeiro casamento, do segundo ou do terceiro, serão sempre filhos que a bondade divina nos encaminhou para que zelássemos na medida do possível por eles, com o nosso apoio afetuoso e a nossa dedicação amorosa.

Quantas vezes as brigas entre eles são inevitáveis, fomentando discórdia e violência de todos os matizes, exigindo firmeza nas atitudes para que o ambiente não se transforme numa arena de brigas romanas, que acabavam sempre indicando um pseudovencedor e um outro combatente aparentemente morto ou vencido pela força ou cansaço.

Outras vezes, influenciados por amigos que se curvam ao uso de entorpecentes, drogas diversas, ou ao consumo desmedido de bebidas alcoólicas, tornam-se reféns da própria sombra sem perceber e, descendo aos despenhadeiros das ilusões em alegrias fictícias e perigosas, jazem desorientados e doentes, distanciados do rumo certo que os direcione a novas propostas de vida saudável e feliz.

Há também aqueles que foram impossibilitados de usufruir uma vida normal física e mentalmente, requisitando constantemente cuidados médicos infindáveis com custos de manutenção bastante exigentes, impedindo, muitas vezes, que haja paz e sossego nos caminhos domésticos. Sem nos esquecermos dos ciumentos, dos perversos, dos manipuladores, dos indiferentes, dos sonhadores, dos preguiçosos, dos aproveitadores sempre dispostos a explorar, dos convencidos egoístas, dos religiosos fanáticos que a todos desejam consertar de qualquer modo, dos mentirosos, dos falsos bonzinhos, dos estudantes de mentira, dos pirracentos, dos que se arvoram em ser juízes de todos indistintamente com críticas a cada minuto etc.

As leis magnéticas que regem a vida dentro do processo reencarnatório de cada um levam-nos a atrair exatamente aqueles com quem precisamos conviver para aprender com eles as verdades do espírito.

"Deus não erra!"

Estamos diante de nossos espelhos, pois é através deles que vemos a nós mesmos.

Dentro desse quadro de realidades, também temos os nossos parentes próximos ou distantes, sempre prontos a nos lembrar a arte da paciência com o grupo familiar.

Ainda que ninguém possa saber com precisão o nosso tempo de convivência com esse grupo, invista e aposte no amor incondicional como a única forma de resistir a tudo isso e ainda sair vitorioso das contendas.

Quando tudo estiver obscuro e difícil, peça a Deus uma direção para compreender o próximo passo a ser dado, por mais dura que a situação lhe pareça, e, nesse sentido, a bondade divina lhe dará o suporte necessário para que a sua intuição o leve a reconhecer o melhor a fazer diante da situação.

Envie do seu coração o amor que você conseguir enviar a esse familiar querido e você será surpreendido com a mão divina, que libertará essa pessoa pela força da sua prece com fervor.

Nunca desista de pedir em favor daqueles que você ama!

E, na espera que sabe que algo de muito milagroso e verdadeiro fatalmente acontecerá por causa de sua fé convicta, siga adiante na certeza de que Deus já providenciou a definitiva solução para a libertação de todos agora e sempre.

O tamanho do problema

Cada vez que olhamos para nós mesmos de um modo mais detalhado e com menos pressa, identificamos com enorme clareza as dificuldades que fazem parte do repertório de nossas múltiplas situações, trazendo pesado fardo com emoções mal resolvidas, associadas a soluções que demoram a chegar, e nos sentimos, não raro, desanimados e tristes.

É o amigo em quem confiávamos e que, agora, movido por interesses outros, optou por seguir na estrada da indiferença, priorizando outras pessoas e situações quando você mais precisava de um olhar amigo para ajudá-lo a atravessar a noite escura, simplesmente emprestando um olhar.

É o familiar querido, a quem tantas vezes, mesmo sem poder de verdade, estendemos as mãos em cooperação e apoio, que sofre da doença da ingratidão, na realidade uma doença da memória, e que desaparece como o sol atrás das montanhas naquele instante em que a dor de uma necessidade qualquer surge de repente e não sabemos que direção tomar.

É o afeto que antes se apresentava com nobre aparência, com um clima que convidava às mais sublimes promessas de amor e encantamento, que se despede fugaz, buscando experiências de ilusões passageiras em caminhos desconhecidos, entorpecidos por fantasias de sonhos cinematográficos, na vaidade cega dos sentidos, onde o superficial tem aspectos de felicidade profunda e segue encorajado para novas emboscadas do falso prazer incentivadas pelo ego, deixando em seu rastro a ideia de que gostar é sinônimo de dor e reflete a certeza de perder.

É o projeto de vida arquitetado com enorme carinho, em que os nossos sonhos de realização pessoal são desviados pelas mãos rápidas e objetivas do destino, mudando, sem consulta prévia e sem o menor constrangimento, a direção de todos os nossos planos, mostrando-nos que há uma lei que mobiliza a força e o sentido das coisas, e que está acima da lógica esperada realizando a sua trajetória, motivando novos arranjos e adaptações de improviso.

A vida vista por esse prisma é desafiadoramente difícil, e há poucos motivos para que nos alegremos com as suas ações de burilamento constante.

No entanto, o mundo é dos fortes, isto é, daqueles que não se intimidam com os empecilhos que nos cercam e seguem adiante, com cautela, mas sem se queixarem das barreiras a transpor, levando a sério a felicidade possível e viável que almejam, resgatando passo a passo a força que antes os desanimava, assumindo novas posturas firmes e seguras diante dos fatos e acontecimentos.

No entanto, para tudo isso acontecer, precisamos fazer uma nova leitura que nos permita renovar a visão das coisas e que possamos enxergar a proporção real dos problemas, para que fiquemos fortes enquanto eles se encolhem ante os nossos olhos, utilizando a força que temos para avançar e não para nos conter.

Nessa nova avaliação dos episódios que envolvem nossa vida, o fator mais importante para obtermos resultados por nós próprios, dependendo única e exclusivamente de nós mesmos, é tomarmos posse de nossa vida interior, respeitando naturalmente as opiniões alheias, mas seguindo apenas o "sentir" indicado pela verdade do nosso coração, porque só assim nossa alma se mantém presente. Afinal, onde a alma atua e aparece em evidência, o bem verdadeiro é e sempre será uma realidade.

Não se deixe abater por aquilo que acontece no externo, pois, muitas vezes, aquilo que em um determinado tempo parece ser uma calamidade sem limites, em outro tempo poderá ser a única via de saída para um intrincado emaranhado de problemas cujas soluções pareciam impossíveis daquela forma.

Não desista nunca do melhor em você, ainda que as circunstâncias indiquem que seja necessário mais empenho e tempo pra alcançar a meta desejada.

Há momentos em nossa experiência de vida em que, se ficarmos sós diante de uma necessidade, a própria dificuldade nos ensinará a crescer utilizando a própria força, ainda que tenhamos que desenvolver grande dose de paciência e sair disso seja algo trabalhoso e aparentemente lento.

Se a vida não confiasse na sua capacidade de realização, não o tiraria de tantos perigos iminentes, nem manteria sua integridade e preservaria certos valores fundamentais a seu favor.

Acredite, há um plano divino no roteiro da sua vida que merece a sua atenção a cada momento.

Nada, absolutamente nada, acontece sem função predeterminada pelas forças superiores, que estrategicamente depositam em você todos os recursos necessários ao seu êxito em sua jornada.

Mude as lentes que fazem com que você se enxergue como uma vítima das circunstâncias, pois somos nós, com nossas atitudes, que influenciamos o destino.

Não fique aí parado reclamando do que não deu certo e do que sente falta, porque quem vive falando e enaltecendo o que falta mais falta atrairá. Em vez de falar e focar somente na falta, direcione o foco para aquilo que você efetivamente quer.

A partir daí, você irá em busca do que quer e, consequentemente, atrairá o que quer.

Vire as páginas que lhe reportam ao passado ou as arranque se for preciso, mas procure desconectar-se das emoções passadas e traga o foco para o momento presente, onde todas as chamadas realidades têm a chance de acontecer.

Qualquer coisa na sua vida só se torna realidade no tempo chamado presente.

Levante, ainda que meio desajeitado ou triste, e decida-se por refazer a sua vida. Ainda há tempo para ser feliz.

Nesses momentos, muitas dúvidas podem povoar nosso coração.

Não se atormente com isso.

Peça intuição e direcionamento à inteligência divina universal e, na verdade do seu coração, as respostas virão como manifestações do plano divino a seu favor, impelindo-o à incrível arte de recomeçar a cada passo.

Não tenha medo!

O amor é a nossa maior defesa diante do mal, pois o verdadeiro amor é firme, livre e, nesse sentido, toma finalmente posse de si.

Um minuto precioso

É voz corrente entre todos nós que, a cada dia que passa, nossa percepção parece indicar que o tempo se faz menor, indicando que a vida corre mais rápido do que gostaríamos.

Não dispomos de tempo hábil para realizar as coisas que nos dão mais prazer e temos a ideia de que sobra tempo para as situações desagradáveis, que brotam não se sabe bem de onde e marcam sempre uma presença mais evidente em nossos dias.

Ainda assim, a parcela de tempo chamada de minuto possui significado especial quando a ele reportamos maior porcentagem de foco, valorizando sua passagem junto de nós.

Pensando nisso, reflitamos:

Em apenas um minuto, podemos perder o nosso controle habitual vociferando toda a sorte de desequilíbrios contra alguém ou alguma coisa, baixando o nosso nível de energia de forma drástica e densa, mas, no minuto seguinte, podemos respirar um pouco em meio ao nosso acesso de fúria e reconsiderar a atitude, evitando que caiamos novamente em lamentáveis enganos.

Num minuto inesperado, saímos dos nossos nobres propósitos de realizações pessoais, em que imaginamos grandiosas tarefas em favor do bem comum e em favor de nós mesmos, impressionados pelas opiniões dos outros acerca desse projeto que nutria nosso espírito, desejosos de desistir de tudo por não suportar tal nível de contrariedade, mas, no minuto seguinte, sentindo-nos motivados pelas forças realizadoras que atuam em nosso íntimo, diminuímos o nível de importância que damos às opiniões alheias e, ainda que respeitando quem pense diferente de nós por possuírem lentes diferentes de nossa visão pessoal, recobramos a nossa lucidez e nos posicionamos em sintonia com a vontade verdadeira da nossa alma.

Num minuto distraído, não conseguimos perceber os mais variados sinais que a vida não se cansa de mostrar na sincronia do dia a dia, tentando chamar a nossa atenção para o que de mais importante temos para o momento que passa, sem percebermos as imensas oportunidades de crescimento pessoal e prosperidade que poderiam ser mais bem aproveitadas de maneira especial. Porém, no minuto seguinte, num toque de luz que sopra suavemente em nossos corações, podemos despertar desse falso sono letárgico e acordar para a realidade de tudo de interessante e válido que está à nossa volta, trazer o foco da consciência para cada detalhe que fulgura diante dos nossos olhos, e subitamente encontrar a maior oportunidade de nossas vidas para nos realizarmos plenamente como pessoa.

Num minuto insensível, negamos o apoio da compreensão àqueles que mais amamos, ainda que tais pessoas estejam sabidamente confusas em seu raciocínio, perdidas em lamentáveis enganos que a ilusão proporciona, rumando velozmente aos incontáveis abismos que os aguardam, sem que possam se utilizar de forças que consigam freá-las na marcha natural das suas experiências. No minuto seguinte, no entanto, ainda que naturalmente discordemos das suas escolhas, a inteligência divina universal, com um simples toque de alma, nos lembra da necessidade do não julgamento, redespertando em cada um de nós o sentimento de compaixão. A partir daí, fazemos uma pausa em nossas atividades para orar em benefício de todos eles, no desejo sincero de que a consciência do bem finalmente fale mais alto.

Em um minuto há um espaço de tempo enorme para mudarmos uma escolha, direcionando nossas decisões internas para o caminho real e verdadeiramente libertador do bem, modificando, quem sabe, o destino de muitos de nós.

Pense nisso!

Basta apenas um minuto para decidir se você quer viver ou sobreviver.

Mediunidade

Um dos assuntos mais interessantes na atualidade, sem dúvida alguma, é a mediunidade.

Revestida de aspectos polêmicos, tem nas diversas bandeiras religiosas origens diversas, conceitos fundamentados em múltiplas teorias, mas seus aspectos práticos são pouco estudados e conhecidos.

Sabemos tão pouco sobre ela quanto sabemos sobre nós mesmos e nossos atributos de inteligência e sensibilidade.

Para falar a verdade, um verdadeiro mar de dúvidas e incertezas parece envolver o assunto, sem falar da aura de mistérios ocultos e mágicos que pairam no ar sempre que o tema aparece em nosso meio.

Muita gente fala a respeito sem a base de experimentação necessária, sem o estudo sereno e desapaixonado, sem a observação acurada dos fenômenos chamados também de paranormais.

Nesse sentido, a desinformação campeia solta, gerando medo, aflição, obsessões de todos os matizes, desequilíbrios emocionais, insegurança, falta de motivação, ansiedade e tantas outras características.

As pessoas que percebem, por alguma razão, que possuem sensibilidade além do aparentemente natural, ficam quase sempre sem direção, não sabem o que fazer ou como tratar o assunto, não notam o quanto é natural sentir além dos chamados cinco sentidos e, via de regra, são levadas a lugares especializados para que sejam esclarecidas.

Dessa forma, é uma loteria, pois podem ter a felicidade de cair num lugar decente e acolhedor, ou podem ter a infelicidade de se deparar com gente despreparada que, embora possam ter relativa boa vontade, geram apenas mais conflitos com explicações sem muita clareza e confiabilidade.

Observo com frequência pessoas sensíveis que não encontram explicações satisfatórias para aquilo que estão vivenciando, sendo que elas não conseguem construir uma ordem mental, tampouco têm clareza para direcionar suas necessidades.

Em função disso, negam-se a conhecer e a explorar melhor os limites e as potencialidades que a mediunidade pode descortinar, desconhecendo como manusear essa fantástica ferramenta em prol da sua própria vida e como é possível vivenciá-la bem, tirando-lhe o maior proveito possível.

Talvez o aspecto mais significativo e de maior relevância na mediunidade se refira à ética e ao bom senso.

Impossível falar de mediunidade (energética) sem nos enveredarmos pelos caminhos da ética, do respeito fundamental às diversas escolas do pensamento humano, sejam elas de natureza esotérica, espiritual, religiosa, psicológica, filantrópica, social etc. Cada uma dessas escolas retrata as diversas correntes que formam o sublime elo das experiências que a humanidade vem consolidando ao longo do tempo, constituindo a somatória do que somos hoje.

Modernamente, a palavra mediunidade vem cedendo lugar à palavra energética, que, num contexto mais apropriado, aborda a questão partindo da premissa de que tudo nessa vida se baseia em energia, em suas diversas nuances e intensidades vibracionais.

A partir de 1857, com a brilhante obra de Allan Kardec, *O livro dos espíritos*, e com o avanço da ciência no século seguinte, um novo braço da Física chamado Física Quântica trouxe-nos uma luz no que se refere ao conhecimento dos estudos do átomo e de suas subdivisões e movimentos vibracionais.

Compreendeu-se, a partir daí, que a influência de um simples observador de um experimento pode modificar seus resultados, alterando com as suas influências vibracionais aquilo que ocorre durante a atividade.

Faz sentido pensar que, se isso ocorre em um laboratório de experimentos de física, ocorre igualmente em nossa vida diária, isto é, a influência de um pensamento externo de uma pessoa sobre a outra torna-se extremamente comum.

A força de um pensamento pode influenciar sobremaneira uma pessoa porque, além de ser dotada de inteligência, existe também a intenção que direciona um certo magnetismo de ação.

A ascendência e manipulação de uma pessoa sobre a outra é possível mediante uma identificação energética a que damos o nome de afinidade, isto é, a força magnética de uma pessoa, também chamada de carisma ou consciência de presença, atinge a pessoa desejada que está na mesma faixa vibracional, influenciando-a e impressionando-a com sua energia.

Estudar a mediunidade, portanto, é conhecer melhor a si mesmo nos movimentos naturais que identificam as relações pessoais.

Trata-se de uma ferramenta excelente a nos auxiliar no dia a dia, pois, sendo uma força neutra em sua estrutura funcional, estudá-la com profundidade nos possibilitará vivenciar todo o bem que ela, quando bem-intencionada, pode proporcionar. Caso contrário, nas mãos de inexperientes infermos ou pessoas maldosas, poderá criar sérios danos à saúde e à estabilidade emocional de quem a pratica sem os critérios do bom senso.

A visita da verdade

Em nossa vida cotidiana, o nosso cérebro trabalha movido por estímulos de toda natureza. A vida externa trabalha com uma intensidade impressionante, focalizando a nossa atenção das mais diversificadas formas em nossa interação com tudo o que nos acontece.

Movidos pelo brilho das coisas, somos induzidos a ter sempre mais e mais de tudo aquilo que o mundo oferece e, inegavelmente, há um sem-número de objetos interessantes à nossa volta, pois comprar ainda é um dos nossos esportes favoritos, se é que podemos chamar assim.

Não cansamos de inventar compras na arte de consumir tudo aquilo que é possível, buscando naturalmente a nossa felicidade interior o mais preenchida e plena possível. Claro que algumas vezes conseguimos alegrar o nosso coração pelo prazer que sentimos quando obtemos algo que desejamos, sobretudo pelo esforço de nosso trabalho.

Todavia, nem sempre é assim. Passados alguns momentos de nossa tão sonhada aquisição, vamos perdendo gradualmente aquele entusiasmo motivador que nos levou a adquirir determinado bem.

Com relação às pessoas, pelo fato de nutrirmos algum apreço por elas, formulamos conceitos genéricos sobre o seu jeito de ser, ou ainda sobre como imaginamos que elas reagirão a nós, como devem nos tratar, como devem nos compreender, isto é, nós as colocamos em um modelo criado por nós a fim de que nos sintamos felizes na convivência diária.

Nosso gostar ainda é extremamente condicional em todos os sentidos; sonhamos adivinhar o que vai na mente das pessoas para não perder nada que julgamos nosso por direito adquirido, como se fôssemos de certo modo proprietários de tudo o que se refere a eles, assumindo tantas vezes situações que não são nossas, mas que queremos controlar e manipular ao nosso bel-prazer.

Da mesma forma que somos compulsivos em nossas compras, para tentar arrancar o vazio do nosso coração, esperando que o prazer de ter possa nos proporcionar alívio, criamos expectativas várias em relação às pessoas na ilusão de que elas detenham o poder de nos fazer felizes.

Se você anda desiludido, é porque está sendo visitado pela verdade. Apesar do tom amargo que a verdade nos traz quando chega, em sua inesperada visita, pode ter certeza de que tudo começará a melhorar pra você porque, a partir de agora, todas as máscaras cairão, uma a uma, descortinando um painel da realidade fiel, possibilitando que você pise no chão seguro daquilo que é, e não daquilo que parecia ser.

Desista da ilusão de querer que os outros sejam exatamente como você imaginou que fossem, pois isso é torturante e desanimador.

Aprenda a reconhecer e valorizar as qualidades das pessoas, elogiando-as sempre que possível, incentivando suas virtudes visíveis e invisíveis, puxando sempre o melhor delas. Mas não esqueça de que, ainda assim, elas são tão terráqueas quanto você e estão sujeitas a equívocos.

Tendemos a ser racionais, agindo muito em função da nossa mente, que tantas vezes nos ilude em nossa forma de ver as coisas.

Experimente, na próxima vez que alguma situação surgir em sua vida, voltar o foco para o seu sentir em vez de pensar, e verá que dentro de você reina uma sabedoria infinita. Confie de verdade nas suas sensações, pois o corpo fala e reflete a força do seu espírito.

Exercite fazer o silêncio possível dentro de você, respire pausadamente e, nesse clima um pouco mais ameno, pergunte para o seu coração, isto é, para o seu sentir espiritual, como deve agir diante de tal situação ou pessoa.

Num primeiro momento, talvez a resposta seja um pouco incerta, mas, assim que você entender o processo, chegará às impressões verdadeiras sobre o assunto, porque o corpo registra, até com alguma facilidade, a verdade sobre o que é exposto. Utilize a sua intuição e permita que o discernimento se faça presente todos os dias da sua vida.

A cabeça é muito útil e boa para pensar, e as decisões que nascem da clareza do seu coração (força do seu espírito) o levarão inegavelmente a compartilhar a verdade, onde quer que ela se encontre, e o conduzirão à plenitude e à paz.

Indecisão

A cada instante nessa vida somos levados a decidir por essa ou aquela alternativa, pensando sempre na melhor estratégia para obter bons resultados.

Em inúmeros momentos, porém, protelamos nossas decisões buscando ganhar tempo para decidir melhor e com um nível maior de acerto.

Também como estratégia, em alguns lances da jornada, decidimos não decidir, o que no fundo também é uma decisão.

Ficamos em cima do muro esperando que algo da parte das outras pessoas aconteça a fim de que se tome uma decisão.

Quando assumimos essa postura, somos levados a confrontar problemas por não estarmos inteiros em nenhuma situação.

Vale dizer que estamos fracionados e, como consequência, nunca usufruímos os benefícios que surgem de posicionamentos adequados e equilibrados em nossa marcha. Falta-nos sempre algo.

Quanto mais fazemos, mais ficamos devedores a nós mesmos, insatisfeitos e incompletos em tudo o que nos diz respeito.

Decisão ignorada

Pode acontecer também de, diante de um problema, não sabermos realmente o que fazer, e a dúvida nos toma de assalto e nos imobiliza as ações.

Nesse momento, vale lembrar a filosofia Zen nascida dos fundamentos do budismo, que nos ensina: "Quando você não souber o que fazer, não faça nada. Deixe que a vida faça por você. Fique no bem e confie."

Como é bela e profunda a sabedoria oriental. Talvez nos faça falta uma dose maior de confiança na inteligência divina universal, que direciona os nossos destinos para aquilo que precisamos experienciar.

Em essência, nosso espírito, que sabe e conhece muito bem as nossas necessidades reais, nos move e direciona para o que é importante para nós agora.

Decisões adiadas

Quantas vezes planejamos fazer as nossas coisas com critério organizacional claramente definido, e vem a vida e modifica tudo com algo absolutamente inesperado e sutil.

Queremos controlar e governar pessoas e situações com o bom senso que nos cabe, mas a força das coisas muda os roteiros preestabelecidos e acabamos em outras direções.

Não se desespere nem se importe tanto assim.

Pode ter a certeza de que mãos invisíveis zelarão pelo seu melhor, protegendo você e evitando males maiores que talvez você não cogitasse que pudessem surgir no seu caminho.

Uma viagem adiada, uma festa perdida, uma hora a mais de trabalho, um carro quebrado, o trânsito infernal, uma visita inesperada, um contratempo, o dinheiro que encurtou podem ser os elementos de que a vida se utiliza para auxiliá-lo naquilo que você não vê, mas precisa.

Embora a contragosto, não permita que o desânimo tome conta de sua vida e nem se desespere.

Siga o roteiro das suas melhores intuições e tenha em mente sempre que a vida não joga para perder.

Se momentaneamente as coisas foram para determinado lado, entenda que tudo isso é transitório e tem função benéfica na aprendizagem que lhe diz respeito.

Aprenda a olhar com os olhos do espírito, que vê muito além do aparente, daquilo que parece ser.

Quem vê pelas lentes espirituais enxerga com clareza o que fazer. Lembrando sempre que, quando a intuição pede para não fazer nada, perceba que o nada não significa inatividade, e sim estratégia para o melhor, que sem dúvida virá.

Comunicabilidade: a arte da clareza

O progresso inimaginável dos avanços tecnológicos tem colocado na palma de nossas mãos os recursos de uma aldeia global cada vez mais próxima, em que tudo é sabido praticamente em tempo real, bastando para isso que nossos satélites estejam funcionando perfeitamente, trazendo-nos uma quantidade imensurável de informações por segundo, gerando até uma dificuldade de assimilação, de nossa parte, de tudo o que é novo e está acontecendo no mundo sempre acelerado dos negócios.

As instituições que visam regulamentar as relações comerciais entre os diversos países apressam-se em decodificar as informações, procurando desvendar os mistérios de cada aspecto regional, em que a sazonalidade, aliada ao desenvolvimento autossustentável, visa harmonizar as naturais diferenças entre as lentes de todos os analistas de mercado, procurando caminhos e alternativas de sucesso nos quais todos esperam de alguma maneira tirar alguma vantagem do evento.

Novos mecanismos de gestão em todos os setores corporativos são criados na esperança de se adaptarem aos novos tempos, em que tudo é rápido e transformativo.

A antiga expressão "Tempo é dinheiro " inverteu-se hoje em dia para "Dinheiro é tempo", sendo que aqueles que dispõem de tempo para as atividades mais simples do cotidiano são considerados privilegiados e causam inveja a muita gente que não consegue administrar o tempo que tem para o prazer de viver.

A necessidade sempre mais intensa de novos produtos não nos permite ver com clareza as nossas necessidades reais e as nossas necessidades fictícias, isto é, verdadeiramente o que eu quero *versus* o que eu acho que preciso.

Qual a linguagem mais precisa? A da mente, que racionalmente cria necessidades de todos os matizes, ou a do sentir, que valoriza a verdade do que ocorre dentro de nós?

Paradoxalmente, no mundo corporativo e na vida comum é cada vez mais crucial o problema da má comunicação entre as pessoas, evidenciado quando frases de sentido dúbio ganham destaque entre as conversações, dando margem a interpretações em que imaginamos aquilo que a pessoa quis dizer e, como intérpretes, fantasiamos o sentido do que foi dito.

Uma palavra mal entendida, um sinal mal interpretado, um vislumbre imaginário do que o outro quis dizer, a maledicência, os desvios da ideia central, os pseudoatores e atrizes com seus malabarismos na fonética, e a consequente falta de clareza na comunicação pura e simples são movimentos comuns em empresas e instituições que geram toda sorte de desperdício de tempo, sendo que o foco da conversa perde-se ao longo do caminho.

A verdadeira comunicação clara pede que treinemos a percepção além do aparente, isto é, sentir o que está por trás das palavras e quais as intenções autênticas que as movem.

Para isso, podemos começar a focar em nós o imenso desperdício de palavras inúteis, percebendo como jogamos fora nossas próprias energias, dilapidando a nossa paz interior, o que dificulta as nossas linhas de raciocínio e acarreta um cansaço emocional enorme.

Você já parou para pensar se as pessoas entendem com clareza aquilo que, de fato, era sua intenção dizer?

Não seria por isso que tantos erros ocorrem, sem que haja uma conscientização da nossa parte acerca da importância desse fato?

No conceito da espiritualidade, a comunicação se faz basicamente por meio da energia entre as pessoas, isto é, aquele *feeling* a mais que permitirá detectar o que está por trás das palavras.

Aprende-se não somente a escutar o que as pessoas estão dizendo, mas também a sentir o significado dentro de si, como se uma antena invisível o ligasse àquela pessoa e permitisse uma interação mais positiva e real na comunicação.

Torna-se cada vez mais importante, nas relações entre as pessoas, a verdadeira comunicabilidade com clareza.

A questão da assertividade, isto é, firmeza e posicionamento na postura pessoal, fará da pessoa um profissional de sucesso, e a prosperidade e a abundância o premiarão cada vez mais.

É verdade que existem também os vaidosos inflexíveis que não se dispõem a ceder em seus pontos de vista, perdendo grandes oportunidades de aprendizado na vida que poderiam enriquecer seus conhecimentos acerca de tudo, na humildade de reconhecer um eventual engano em seu modo de interpretar as coisas.

Para esses, o preço de seu orgulho pode custar caro quando suas ordens saem desajustadas por inabilidade comunicativa, gerando prejuízos de grande monta.

Habitue-se a perceber como você entende e como é entendido. A essência da fluência nas ações que funcionam de verdade é o caminho para a harmonização em todos os sentidos.

Pergunte se foi entendido mesmo e, caso contrário, fale novamente com paciência e clareza, evitando danos futuros.

Tudo isso parece muito óbvio às vezes, mas é naquilo que mais parece visível aos nossos olhos que somos surpreendidos pelos equívocos mais comuns em nosso cotidiano.

O futuro do mundo está na comunicabilidade clara, pois, sem essa luz a nos apontar o caminho, as sombras do mal-entendido continuarão a fomentar em nós a distorção do que se quer dizer, com consequências imprevisíveis.

Moldes da modernidade

Estamos vivendo num tempo em que os costumes determinam, como convenção, modelos de atitudes que a maioria das pessoas absorvem naturalmente.

Levados por uma espécie de hipnose coletiva, vamos assumindo tudo aquilo que nossa vida em sociedade nos dita, seja adequado às nossas características pessoais ou não.

Temos tanto medo de não sermos bem-aceitos em grupos sociais que vamos agindo sem refletir lucidamente se tal situação é conveniente ao nosso estilo de vida interior ou contrária a ele.

Fazemos para depois observar no que vai dar. Os meios de comunicação, vorazes em sua ação de serem consumidos, expõem inúmeras vantagens com promessas de felicidade garantida e fácil, aproveitando-se de nossa autoestima não tão alta assim.

Ficamos indecisos quanto ao que fazer e acabamos cedendo às tentações do consumo desordenado.

Corpos mágicos, roupas, carros incríveis, moradias espetaculares, guloseimas irresistíveis, viagens dos sonhos etc.

Convencidos de que "ter coisas" nos levará de pronto à felicidade pessoal, partimos para as facilidades possíveis de comprar.

Rapidamente, a realidade nos retira as vendas dos olhos e, com o auxílio da desilusão, vamos descobrindo que cada coisa, objeto ou pessoa só poderá nos dar o que em sua essência "tem" para dar.

Desfrute de suas conquistas sem tripudiar sobre ninguém.

Mais importante do que ter um "bem" é permitir-se felicitar o seu coração com a alegria de usufruir do recurso adquirido.

Trata-se de compreender a felicidade como uma conquista pessoal que nasce da lucidez da compreensão do seu significado real.

Não apenas "estar" feliz, mas "ser" feliz dentro da circunstância possível. Seria o caso de perguntarmos até onde nos permitimos alegrar com aquilo que a vida, em sua sabedoria, está nos concedendo agora.

O "ter ou não ter" delimita nossos padrões em sociedade.

Essa questão é delicada porque, para a modernidade, o normal é ter o que é possível para que possamos nos sentir iguais a todos.

Sejam necessidades reais ou fictícias, o importante é consumir, pagar nem que seja quando Deus quiser...

Evidentemente, como norte dessa bússola sutil, estará sempre à nossa disposição o nosso bom senso, o senso do bem interno que nos auxilia a graduar as coisas, atribuindo pesos e medidas às necessidades.

Prioridades reais nascem daquilo que a alma necessita.

Sem ordenarmos nossas prioridades, sem decidirmos o que é mais ou menos importante para nós, seremos vítimas das emboscadas do consumo sedutor, devorador e contumaz dos nossos recursos financeiros.

É verdade que o dinheiro precisa circular para que a prosperidade se expanda. Circular, sim, mas com objetividade.

Não há regras definidas para o consumo. Porém, comprar o que é necessário ou o que se gosta de verdade é passo seguro para a felicidade interior.

Zelo e apego pedem atitudes com características parecidas, mas significados bem diferentes.

Quem zela por alguma coisa tem um compromisso de alma com aquilo e cuidará da melhor forma possível, higienizando, renovando, conduzindo, compartilhando, desfrutando e sabendo que nada é definitivo.

Enquanto estiver no período de zelar por alguma coisa ou pessoa, dará o melhor de si, entendendo que aquele bem pertence à vida e não é sua propriedade, e sim responsabilidade temporária.

Apego é bem diferente. Ele nos escraviza aos deveres, encharca-nos de ciúmes, inquieta-nos a cada instante com o medo irreversível de perder algo ou alguém.

Embora a fronteira seja bem tênue entre uma coisa e outra, com olhos bem observadores é possível discernir onde começa um e termina o outro. Acenda a luz interna da inteligência e opte pelo não sofrimento.

Enquanto ignoramos, tateamos relativamente no escuro em busca de definições. Quando o amanhecer do conhecimento nos visita, o dia se faz claro e temos coragem e força para agir e eleger prioridades.

O dia do basta

Quantas vezes dissemos em nosso diálogo diário com nós mesmos que aquela seria a última vez que faríamos determinadas coisas, cujos efeitos danosos conhecemos em todas as suas nuances?

Ainda que tenhamos passado por "poucas e boas" em nossa jornada, parece que as nossas resistências sempre tendem a vencer, dificultando as nossas iniciativas em mudar de rumo em nossas habituais escolhas, permitindo que vivenciemos velhos costumes, esticando a antiga agonia de seguir naquilo que a nossa alma já sabe que não serve mais.

Existem diferenças fundamentais entre "saber" e "fazer", isto é, movimentar-se do teórico ao prático mostra que isso somente se dará quando a nossa atitude for de ação diferente e firme, no propósito de experimentar o novo.

Afinal, o que nos impede verdadeiramente de agir se, dentro de nós, há um lado bastante disposto a se renovar?

Por que não deixamos ir o "velho", sabedor que somos de que ele não nos atende mais em nossos anseios de alma, possibilitando assim abrir e ceder lugar ao "novo" e trazer horizontes mais amplos de conquista pessoal?

Não o fazemos porque o "velho", embora ruim e desagradável, é um caminho bastante conhecido, e o "novo" é uma espécie de tiro no escuro; nunca se sabe o que a bala atingirá de verdade...

Temos vontade, mas falta-nos coragem!

Os tormentos comuns da dúvida, aliados aos medos já vivenciados dos eventuais fracassos do passado, imobilizam-nos diante do agir e ficamos mais uma vez impedidos pela ideia de não dar certo a nova iniciativa.

No entanto, é preciso muita humildade para assumir a coragem de buscar um novo caminho, desvinculando-nos da antiga imagem de nós mesmos, abdicando-se da ideia de que precisamos "parecer ser" para a nova postura em relação ao que efetivamente "somos" agora.

Finalmente, chegou o "dia do basta".

Respire fundo, conecte-se com o bem maior e rompa de uma vez por todas com os pesados grilhões das velhas e desgastadas amarras e manias, permitindo-se, confiante, experimentar o frescor de uma alma renovada que está aprendendo a reconhecer, na grandeza de si mesma, as melhores alternativas para vivenciar esse novo momento dentro do coração.

Há muito tempo, a dor da mesmice condicionada pelas velhas escolhas repetitivas e cansativas pede passagem às novas alegrias, que podem significar motivação e vontade de crescer a um só tempo.

Não tenha medo!

Somente com a sua luz interior, focada agora nas novas estradas que se materializam à sua frente, é que poderá indicar com clareza e confiança e seguir sem temor!

Use o discernimento e compreenda a importância da hora que passa.

Se você já consegue reconhecer em sua vida o que não serve mais, embora tais circunstâncias possam ter sido úteis ou vantajosas em outro momento do passado, não espere chegar uma nova série de aborrecimentos e dificuldades para mudar a trajetória das suas atitudes.

Seja firme e resoluto!

Decida!

Lembre-se de que todo o crescimento pessoal e espiritual que nos possibilita libertação costuma gerar, na maioria das vezes em que surge, um natural descontentamento aflitivo por parte daqueles que estão acostumados à "arte da manipulação" da nossa vida e dos outros.

Confie no amparo das forças superiores da vida e prossiga para o seu alvo de coração.

Pense nas incríveis alegrias que estarão presentes quando você não mais precisar "aparentar ser" o que você não é.

Nós só ficamos bem em tudo, isto é, luminosos e livres, quando utilizamos o talento de sermos "nós mesmos", sem máscaras, reconhecendo com transparência cristalina as bençãos incontáveis do que já podemos usufruir, redescobrindo e percorrendo os caminhos da paz sem medo de ser feliz.

Exercite o dom de escolher a serenidade da consciência tranquila e harmonize-se na conexão com o amor divino universal; tudo será diferente em beleza e realização.

Participe desse banquete espiritual para o qual só são convidados aqueles que optaram por "deixar ir o velho", assumindo um novo caminho, ainda que inicialmente de forma tímida, mas com a certeza firme e forte de que Deus está no leme da embarcação.

Portanto, nesse sentido, a tempestade já tem hora certa para perder a força e importância, e a bonança, sem dúvida alguma, vem na sequência natural, trazendo um verdadeiro tesouro que é reservado somente a quem já fez por merecer.

Visualização criativa

O momento pede decisões: escolher o que fazer ou não em meio às múltiplas exigências da vida moderna. Labirintos de vários caminhos estranhos surgem como opções à nossa frente, chamando a nossa atenção para o ato de ir ou permanecer, agir ou esperar o momento oportuno.

Os ocidentais sugerem que, quando não temos certeza de o que fazer, não devemos fazer nada. Nesse caso, nada não é inatividade, e sim um compasso de espera para que uma certeza maior nos estimule a agir.

A vida tem sempre sinais importantes, isto é, mensagens com significado expressivo endereçadas a cada um de nós; basta que aprendamos a lê-las e decifrá-las com discernimento e inteligência.

Existe uma força oculta que aciona a nossa intuição e em que precisamos confiar. A inteligência divina universal paira sobre todos nós, agindo no despertar de nossa sensibilidade.

Uma palavra, um livro, uma palestra, uma música, um contato com a natureza, uma conversa amiga, um olhar, um abraço, um ouvido atento, um tempo maior consigo, uma viagem, um filme, uma ausência sentida são alguns dos aspectos interessantes capazes de fazer despertar boas ideias que sugerem direções sadias e interessantes.

Não seja tão duro consigo. Confie no oculto. Siga o seu coração, que a mente vai atrás.

A imaginação é, talvez, uma das maiores capacidades do ser humano. Atributo de valor incalculável, plasma-se inicialmente dentro de nós para depois se tornar matéria densa real ao alcance de todos.

Uma simples construção não é nada sem o imaginador que idealiza suas formas ao concebê-la dentro de si, no âmago do processo criativo.

Concretizados os primeiros rascunhos, surge um executor técnico que viabilizará suas realizações.

Num processo sequencial, tudo se realiza. Em nossa mente, não é diferente. No entanto, tendemos a imaginar tudo com drama, e o medo nos toma de assalto.

O sucesso na prosperidade de alguns países desenvolvidos deve-se a muita disciplina, ordem mental, trabalho e dedicação, mas também a imaginar o melhor do bem a todos os seus.

Percebam a poderosa máquina operativa que é o nosso cérebro quando estimulado pela imaginação positiva, capaz de atrair o melhor da vida.

Não se trata só de acreditar na vida e no bem, mas também de agir como quem sabe que a mente pode atrair o sucesso, confiando no processo natural das coisas e trabalhando direcionado a esse sentido.

Não aprendemos bem assim. Para nós, tudo deve ser conquistado na base do sacrifício e da renúncia. Esses caminhos podem ser interessantes em alguns casos. É claro que a dedicação conta, mas sempre esperamos que alguém faça por nós, que nos aponte o caminho.

Mas tomar iniciativa, ir buscar, partir para conquistar, sabendo que a forma mais natural de se chegar a algum lugar é gradual, é uma boa opção.

Oportunidades aparecem e é preciso estar pronto para aproveitá-las. Se elas tardam a aparecer, é preciso semear mais e abrir um pouco mais o caminho. Elas virão.

Nunca é tarde para recomeçar. Na natureza, tudo é cíclico e tudo recomeça.

Olhe para você! O que você está esperando acontecer para que sua vida dê um salto de qualidade interior para melhor?

Não resista. Abra o coração e deixe esse sol novo entrar. O ontem já foi escuro demais para você ficar lembrando dele.

Há sempre muita novidade na vida esperando por nós.

Vá! A vida nova o espera.

O tempo da desvinculação

Uma das maiores desventuras de nossa existência é a decepção que surge de repente em nossas vidas como uma sombra que atormenta e desencanta.

Motivados por conceitos ilusórios acerca de pessoas e situações, vamos construindo castelos sem alicerces sólidos, projetando sonhos e devaneios sem fim.

A desilusão funciona como uma espécie de despertar amargo e imprevisto, trazendo-nos de volta para a realidade que não gostaríamos de saborear.

Ferramenta estratégica da vida pela terapêutica do choque emocional e vinda da verdade dos fatos, ela nos purifica de nossa ingenuidade e limpa a lente dos nossos olhos.

Inegavelmente, sempre esperamos que o comportamento dos outros corresponda às nossas expectativas e temos a sutil impressão de que tudo de verdade se realizará conforme imaginamos.

Distanciados do nosso verdadeiro sentir, não percebemos que estamos parcialmente cegos para as realidades à nossa volta.

Quando tudo se inicia em nossa vida de relações, as pessoas de um modo geral se comprometem a ser e agir de determinado modo.

Os dias passam, os anos correm e nós vamos acumulando experiências e vivências que nos levam automaticamente a mudar hábitos e maneiras.

Mesmo que não queiramos, tudo se renova na existência. Por isso, nós mudamos e as pessoas também mudam.

Graças a Deus, nossas mudanças em geral tendem a nos melhorar e a fazer de nós pessoas mais vividas e capacitadas.

Seja pela estrada da dor e do sofrimento, seja pela via expressa do conhecimento adquirido, vamos nos modificando para melhor.

Aceite as mudanças como atributo natural da vida e não se deixe impressionar tanto com isso.

Como nada é definitivo em nossa passagem pelo mundo, age com inteligência quem aproveita cada segundo da existência valorizando a companhia daqueles que sempre têm algo a nos ensinar.

Não é fácil constatar o vazio deixado por parentes tão queridos que, às vezes, partem em tenra idade da Terra, sem que possamos curti-los como gostaríamos.

Como creio na beleza da continuidade após o fenômeno a que chamamos de morte, trabalho meu interior para transformar a saudade intensa em trabalho laborioso, na certeza de que o nosso reencontro é apenas uma questão de tempo.

É doído, mas para que dramatizar a dor, tornando-a mais visceral e desumana?

Procuro envolvê-los na minha energia de amor puro e verdadeiro e, com certeza, eu os alcanço onde quer que se encontrem.

Quando faço isso no devotamento das minhas preces habituais, rapidamente uma paz me envolve o coração e o vazio se torna menor.

Se eu perguntasse agora a você: Há algo sem o qual você não consegue viver? Viver sem família, sem casa, sem carro, sem emprego, sem afeto... O que seria pior?

Depende, naturalmente, daquilo a que você está apegado. Você terá de abdicar de tudo isso um dia. Grande diferença ocorre entre zelo e apego.

Zelar é valorizar, cuidar bem, prevenir, agir com firmeza, acarinhar, dedicar-se com o bom senso de quem recebe um presente da vida e age no bem verdadeiramente.

Apegar é ação sôfrega que não dá paz, quando alguém se considera precipitadamente proprietário de alguém ou de uma circunstância, vive ansioso e com medo e, não raro, acaba perdendo muito antes do tempo que julgava poder desfrutar a situação.

O que consideramos nosso será nosso de verdade? Tudo é muito rápido em nossa vida.

Abrace seus filhos, sua esposa, seu marido, seus parentes, seus amigos e diga o quanto eles são importantes para você. Não espere a separação para entender o valor de cada um.

Opte por apegar-se ao bem e um mundo de coisas boas surgirá a cada dia.

Foco real e foco artificial

Assim como o raio *laser* se apresenta como a soma de vários raios de luz concentrados em uma única direção, mostrando com isso a força de elementos antes dispersos e então agrupados em um só sentido, essa particularidade funciona em nossa vida quando concentramos o nosso foco de atenção em algo que passa a fazer outro sentido em nossas observações.

Nossa mente cartesiana, acostumada a reagir a estímulos externos, identificados pela lógica do pensamento racional aprendida pela nossa conhecida educação formal em cursos regulares fornecidos pela escola tradicional, costuma direcionar nossas decisões pelas estradas dos pensamentos que nos parecem sensatos e seguros.

Nesse exercício de buscar as melhores estratégias para que tudo caminhe harmoniosamente, perdemos incontáveis horas de nossa energia mental, que se dispersa em múltiplos devaneios, por onde passam inúmeras ideias e, em termos de soluções de caráter prático, de pouca ou nenhuma significância.

Somos treinados a pensar em soluções e utilizamos nossa força mental na direção dos caminhos que nos parecem mais sensatos e que representam de maneira bem definida aquelas estratégias mais destacadas e conhecidas no mundo atual.

Todavia, para que a inovação se torne a via de acesso mais lúcida e eficaz dentro do processo incansável de busca por soluções viáveis, precisamos incentivar o conceito de foco real, isto é, reconhecer o tempo desperdiçado pelo foco artificial, que parece assumir importância capital dentro do processo, mas que, no fundo, só serve mesmo para nos distrair e nos fazer desperdiçar a nossa energia.

Por exemplo, o foco artificial quase sempre nos reporta à dúvida sobre determinada decisão importante, e tão grande é o tormento causado por essa sensação de indecisão que passamos horas e até dias paralisados em tais circunstâncias.

É verdade que existem momentos, dentro das instituições, em que a decisão acerca de algo pede serenidade e clareza, sob pena de se decidir algo precipitadamente para, na sequência, todos se arrependerem dos rumos tomados.

Há fatos e há versões.

O foco real se atém aos fatos e não se dispersa para aspectos secundários, principalmente aqueles cujas versões se estendem indefinidamente onde perdemos a força do "olho" na análise da situação.

Evidentemente, nosso olho para o mundo é e sempre será fundamental para o sucesso e bom desempenho das atividades pessoais, mas, além disso, não podemos perder o foco real nas realidades que presidem os verdadeiros valores da vida em suas características próprias — seu DNA, por assim dizer.

Tenho observado muitas pessoas de sucesso que parecem andar na contramão das mencionadas atividades congêneres, sendo que naturalmente conseguem tais objetivos graças ao direcionamento do foco real, que compõe as características próprias da sua verdadeira identidade e realidade específica.

O foco real possibilita a concentração de energias mentais em torno das ideias, evitando perdas enormes de tempo, possibilitando que as ideias rapidamente saiam da teoria para a prática, favorecendo atitudes e direcionamento de ações producentes e de maior eficácia.

Pare por um instante e observe: onde se demoram as suas ideias dentro do seu processo mental criativo-intuitivo? E perceba com clareza se as ideias não estão se perdendo em várias versões de um mesmo fato, corrigindo rapidamente a rota dos seus habituais caminhos mentais. Concentre-se na percepção do foco real da questão, que é em verdade o único aspecto que interessa de fato para se chegar a melhores soluções.

Habitualmente, fazemos isso também em nossas vidas pessoais e em outros aspectos, empurrando para depois atitudes que poderiam, quem sabe, evitar enormes dissabores.

A atitude de procrastinar (adiar ou postergar), isto é, a expressão que ganhou as ruas popularmente como "empurrar com a barriga", é uma prática extremamente comum que tem trazido constrangimentos a muita gente.

Diz-nos a sabedoria do budismo oriental: "se não sabemos o que fazer, é melhor não fazermos nada até que a solução se apresente naturalmente", ou seja, algo como "não apresse o rio, pois ele tem seu próprio curso".

Pode ser que não se saiba, de momento, o que fazer em determinado caso e, nessa linha de pensamento, talvez seja mesmo prudente aguardar uma boa e nova estratégia.

Ainda assim, quando isolamos os aspectos artificiais que envolvem superficialmente a situação, surge-nos o foco real e, com ele, certamente estaremos muito mais perto do alvo do que em qualquer outra condição.

O processo é simples: separe o que é do que não é, e faça o mesmo com o que "parece ser" e que, olhando bem no foco, percebe-se nitidamente que não é.

Talvez você diga que isso parece muito óbvio. Mas posso lhe garantir que até mesmo o que parece muito óbvio, sob o olhar do foco real, nem sempre é.

Utilize a sua energia mental no foco, no que é central, e não perca mais tempo naquilo que é periférico e apenas parece ser importante, mas não é. O trabalho rende o dobro e o desgaste energético cai pela metade.

Não parece uma boa economia?

Experimente concentrar a sua atenção no que interessa e ganhe vitalidade, sucesso empreendedor e prosperidade profissional.

Enquanto muita gente se perde em detalhes inúteis, você segue a sua estrada com acerto e uma decisão adequada para cada situação.

Uma mente bem treinada no foco real faz a diferença entre um profissional de sucesso e outro de caráter mediano.

Escolha de que lado você quer ficar.

Carga inútil

Aprendemos desde muito cedo que o auxílio a quem precisa é simples dever não apenas social, mas sobretudo ético e fundamental em nossa vida.

Alegria na alma é o combustível que nos mantém, de certa forma, disponíveis a colaborar com aqueles que nos rodeiam e carecem de apoio e afeição.

No entanto, no afã de sermos úteis, vamos nos sobrecarregando de tarefas embaladas pelos estímulos de nossa vaidade religiosa, assumindo atribuições muito além de nossas possibilidades.

Julgamo-nos fortes o suficiente para carregar toda sorte de cargas emocionais, físicas e até mesmo espirituais, e acabamos desamparados, sufocados, sem encontrarmos as saídas nem para nós próprios.

Ávidos de salvadores que possam aliviar ou tirar os pesos da própria aprendizagem, surge cada vez um número maior de pessoas que tentam se dependurar (agarrar-se) no seu costado (consciência/íntimo) emocional.

Perdemos a noção de limite e, a cada dia, mais e mais cargas surgem para nós. Esquecidos de que o que importa é a qualidade e não a quantidade do que fazemos, vamos nos afundando de compromisso em compromisso, até que o estresse inevitavelmente nos visite.

A verdadeira relação de ajuda é aquela em que a força do bem age nos dois sentidos, isto é, tanto para quem dá quanto para quem recebe.

A desilusão assistencial nos faz repensar a busca de novos caminhos. É muito grande o número de pessoas que desistem da alegria dos serviços voluntários do bem, porque esperam dar conta dos problemas e notam que os assistidos não devolvem o que esperam do gesto amigo.

O trabalho assistencial é sempre muito mais benéfico para quem o oferece do que para quem o recebe.

A chance de fazê-lo é, por si só, o grande resultado da tarefa. Lembre-se que o trabalho assistencial é ponte direta para chegar ao fundo do seu imenso coração e que os assistidos estão nessa condição por permissão divina.

Algo foi negligenciado para usufruir temporariamente esse gênero de experiência. Há também a necessidade de reciclarmos nossa modalidade de atividade assistencial para aprendermos algo novo nas relações humanas.

Curas misteriosas acontecem, levando embora nossos pensamentos de carência. Há muitos males na vida moderna que se originam no vazio existente por não aproveitarmos o nosso tempo com algo útil em que o bem esteja presente.

Uma visita a uma instituição beneficente, uma passada por um hospital de crianças com câncer, um prato de comida quente com o que sobrou da mesa farta, a roupa fora da moda, um ouvido paciente, uma crítica maldosa silenciada nos caminhos do coração, um desejo de boa sorte, um olhar de compreensão, um elogio motivador e estimulante, um sorriso sereno são outras tantas possibilidades de afastar as nuvens escuras que nos rodeiam, descortinando novo sentido de alegria e paz.

Se muitos sentem dificuldades por se comprometerem a fazer o que não podem e não sabem, outros se atrapalham na negação de tudo, negligenciando o contato com a experiência do bem.

Nem muito lá, nem muito cá.

Quem sabe não encontramos um meio que nos devolva a verdadeira alegria dentro e fora de nós.

Crenças

As crenças determinam quem somos e o que fazemos de nossas atitudes diante da vida.

Acreditar é dar crédito a alguma ideia, pessoa ou pensamento.

Em nosso desenvolvimento natural, crescemos ouvindo inúmeras crenças de nossos pais, amigos, professores, parentes, colegas e pessoas que, embora não tenham contato direto conosco, exercem influências muito perceptíveis.

Por meio da mídia, jornais, TV, rádio, cinema, internet, o avanço das comunicações favorece a participação e a presença de inúmeros "formadores de opinião" que nos enfatizam, segundo seus próprios interesses, quem devemos elogiar ou criticar, gostar ou não gostar, aceitar ou não aceitar, seja relativo a determinada pessoa, nação, costume, modo de se vestir, modo de reagir etc.

Tais influências tornam-se cada vez mais significativas na medida em que proliferam-se por esses meios de comunicação, presentes e vivos em nossa intimidade pessoal.

Se não nos apoiarmos com firmeza em nossas convicções e experiências pessoais por meio do bom senso, dificilmente manteremos nossas crenças harmoniosas e claras.

Interesses governamentais de países diversos mostram episódios de um modo às vezes tendencioso e peculiar, a fim de que apoiemos suas sugestões e diretrizes.

Com o passar do tempo, no entanto, graças à maturidade com que a experiência nos credencia, muitas coisas em que acreditávamos antes não possuem hoje o mesmo peso e nem o mesmo significado que antes portavam.

No fundo, só acreditamos naquilo que experimentamos pessoalmente.

Nossa mente se condiciona a certas ideias e nós a programamos para que seja dessa ou daquela forma. Desprogramá-la é um trabalho lento e constante, no caminho da verdadeira alegria interior.

Nesse sentido, as crenças mais trabalhosas para serem reprogramadas são aquelas que se ergueram sobre as ilusões que a nossa ingenuidade alimentou.

É necessário que a desilusão, que nada mais é que a visita da verdade, apareça para que o falso modo de entender possa clarear os fatos e harmonizar o modo verdadeiro de avaliar e ver.

Por mais que seja sofrida, a verdade dos fatos sempre tem um caráter libertador, embora convivamos com a dor de perceber que pensávamos erroneamente sobre tal questão.

Há também as crenças populares características de seus países de origem, onde os regionalismos assumem papel de relevância.

Das crenças mais controvertidas, naturalmente as que se referem aos aspectos religiosos foram as que mais criaram, ao longo dos séculos, desavenças e guerras fratricidas, sendo que, em nome de um pensamento religioso dominante, fanatizado e inconcebível, nos dias atuais ainda são mortos inúmeros seres humanos, sobretudo os mais indefesos, pela sua falta de recursos.

Com o passar do tempo, a força vem cedendo espaço ao direito e, dessa forma, haveremos de criar expressões do pensamento humano que retratem fielmente a ética e o bem verdadeiro de toda a humanidade.

E você, acredita em quê? Dá crédito a quê?

Se você está sofrendo por acreditar em coisas que não façam sentido lógico a você e que não tenham nada a ver com você, pare e reflita.

Eu preciso manter-me preso a essa ideia?

De onde ela veio? Por quê?

Se observá-la melhor, verá que pode olhá-la diferentemente, fazendo com que se sinta mais leve e menos oprimido.

Saiba que brigar por um ponto de vista religioso é pura perda de tempo.

A fé no bem verdadeiro é um atributo do homem lúcido, cuja consciência espiritual será capaz de transformar cada um de nós no aspecto que precisamos e queremos.

Deus é a força inteligente que vai tocando de mansinho os nossos corações em forma de amor, redenção e paz de espírito.

Energia consciencial de presença

Cada vez é mais atraente e fundamental, em nossa jornada, a força da presença pessoal com que nos apresentamos nos mais variados assuntos a que estamos vinculados.

Em muitas ocasiões, queremos isto ou aquilo, mas não damos ao nosso querer a intensidade e a força necessárias para que a atitude produza o efeito desejado.

Esperamos que os outros tomem as iniciativas certas e, assim, com as intervenções alheias, alcançaremos o que desejamos.

Nosso espírito traz uma força vibracional que pode modificar o caráter e as resistências de muitas coisas, mas nos deixamos levar pela falta de apoio a nós mesmos, e tais forças se dispersam em resultados inadequados, tornando-nos fracos e desmotivados.

Temos, em nosso roteiro de alma, vontades, tendências e preferências que marcam e sinalizam nossa estrada, mas não damos crédito ao nosso processo intuitivo.

Quando executamos as coisas sem a presença consciente daquilo que a nossa alma quer de verdade, a vida não tem muito sentido e nem conseguimos alcançar aquela sensação de plenitude realizadora capaz de nos motivar a cada dia, de forma produtiva e edificante.

Mas quando a alma está presente inteira e verdadeiramente, tudo muda de figura.

O nosso cansaço é imensamente menor, as pessoas e circunstâncias certas aparecem claramente, os nossos caminhos se abrem profundamente, perdemos o medo e a vergonha de ser nós mesmos, assumindo com muita disposição a alegria que a vida nos concede.

É como se despertássemos para o nosso comprometimento com aquilo que nos propomos a realizar nessa vida, sem esperar coisa alguma para começar a tarefa que nos cabe.

O despertar verdadeiro da nossa consciência ocorre quando acordamos para a vida que passa e decidimos não perder mais tempo com atitudes e situações inúteis.

Sabemos que, às vezes, as situações parecem ser desfavoráveis para isso, mas, se a alma acordar de verdade, com paciência, determinação e atitude, vamos transformando todos os impedimentos, superando-os um a um sem constrangimento e com ousadia.

Alguns talvez não compreendam nossa tomada de consciência e critiquem a nossa maneira de agir por considerarem que estamos sendo radicais em nossos pontos de vista.

Se a presença da alma é uma realidade, em nenhum momento nos sentimos sozinhos ou desprezados, sendo que ocorre justamente o inverso, isto é, sentimo-nos potencializados, beneficamente energizados, vitalizados e otimistas em relação aos nossos projetos pessoais.

É fácil notar quando a presença da alma se faz perceptível, porque nos invade uma sensação de conforto interior que afasta as incertezas do caminho e apazigua o nosso sentir, ou seja, aquela sensação rara e clara de que estamos absolutamente no caminho certo da jornada.

A alma se expressa muito mais pelo sentir do que pelo pensar, pois a racionalidade sofre uma interferência muito forte do nosso ego negativo, e o sentir é naturalmente mais livre e solto em seu expressar espontâneo.

Tomar posse de si é assumir a alma viva e atraente dentro de você.

Tudo o mais acaba ficando para outro momento, pois, com a alma presente, o nosso contínuo "agora" é o que vive.

Oração ao corpo

Deus, Pai de infinita bondade!

Diante das disfunções e distúrbios aos quais meu corpo se submete, ensina-me a compreender as lições desta hora para que eu possa libertar-me. Ante a impossibilidade temporária de conviver com cem por cento de minha saúde física e mental, aponta-me as alternativas mais adequadas para melhor apreender com meus próprios enganos e ilusões. Quantas vezes venho sobrecarregando-o de emoções em desperdício e subjugando-o a constrangimentos de vários matizes? Hoje começo a conhecê-lo melhor em sua importância e finalidade. Diante de ti, ensina-me neste instante um só sentimento: gratidão.

Acordar, levantar-me, andar, locomover-me, alimentar-me, nutrir-me, higienizar-me, cuidar-me e acariciar-me gentilmente são verbos que eu havia esquecido de reverenciar a mim mesmo, punindo-me em lamentável abandono. Desejo reconduzi-lo aos caminhos da harmonia, mas sei que preciso sintonizar minh'alma com a realidade de cada momento presente. Perdoe-me a indiferença e a sobrecarga de trabalho.

Meu templo, minha casa, meu mundo, meu abrigo. Juntos, como parceiros temporariamente inseparáveis, haveremos de nos dar bem.

Aprendendo a amá-lo, estou aprendendo a amar a mim mesmo e, amando a mim mesmo, aprendo a respeitar os corpos e as almas alheias, pois cada uma delas representa um retrato vivo e alegre da obra de Deus na vida que somos todos nós.

Seguindo juntos nessa incrível descoberta de que viver é um prazer, peço a ti, meu Deus, que a graça e a ventura de ser e existir possam continuar comigo agora e sempre.

Com paz e aconchego,

Reconhecidamente,

Hans

Presença Instituto de Psicologia e Espiritualidade

Irineu Alencastro Gasparetto, ao longo dos últimos anos, idealizou um instituto onde pudesse se dedicar livremente a todas as atividades terapêuticas como psicólogo, com base nos estudos metafísicos, e aos trabalhos assistenciais orientados pelo espírito doutor Hans, bem como ministrar cursos e treinamentos sobre mediunidade, qualidade de vida, metafísica da saúde, metafísica aplicada e gestão para empresas e empresários em uma linguagem vanguardista e moderna. Fundado em 1º de julho de 2009, o instituto é voltado para a reeducação mediúnica e psicológica do ser, apoiado em três vertentes: psicologia, energética e espiritualidade.

No Presença é realizada a "Atividade Espiritual de Renovação Energética", que promove a autocura por meio de uma atitude de mudança em relação à vida, o que facilita a transformação de velhas crenças oriundas do "vitimismo" em novas e lúcidas ideias. Assim, as pessoas se conscientizam do poder de mudança que têm dentro de si, que depende apenas da força de suas atitudes em qualquer situação da vida.

Segundo o médico espiritual doutor Hans, que o inspira, o mais poderoso antídoto para as doenças é o bom humor associado à autoestima e à gratidão, isto é, gostar de si mesmo, perdoar-se e acreditar-se capaz de colocar em prática tudo de bom que sua inteligência oferece em favor do Bem comum.

O instituto conta com a colaboração e dedicação de vários colaboradores — treinados por Irineu e pelo doutor Hans durante dois anos — em seus trabalhos espirituais, assim como terapeutas especializados que trabalham os lados psicológico, energético e espiritual das pessoas, apoiando aqueles que passam por dificuldades, nas mais diversas áreas: saúde, relacionamento, profissional, conjugal, síndromes, depressão, ansiedade, perdas, TOC, etc., conta com um atelier terapêutico e, entre muitas outras atividades, oferece aulas de biodança, drenagem linfática, RPG, pilates, terapia em grupo, para casais e individual.

Desde a sua inauguração, mais de 10 mil pessoas já foram atendidas e tiveram resultados excelentes. O grande diferencial do instituto é o acompanhamento médico durante os tratamentos e os exames realizados previamente a eles. As melhoras são significativas, o que reforça a importância do tratamento espiritual em casos mais complexos, como apoio complementar ao tratamento médico convencional.

A Bondade Divina abraçou essa iniciativa e permitiu, depois de muitos anos, a concretização desse ideal. Assim, surgiu o **Presença Instituto de Psicologia e Espiritualidade Irineu Gasparetto.**

Presença. Ontem, um ideal; hoje, Presença Real.

"SE LIGUE" EM VOCÊ

Luiz Gasparetto

Você é seu grande laboratório e o arquiteto de sua vida. Este livro traz uma visão inteiramente nova de seu processo, mais segurança e confiança em você mesmo, ensinando-o a viver com os recursos de sua fonte interior.

CATEGORIA: Desenvolvimento Pessoal
PÁGINAS: 96
FORMATO: Brochura
ISBN: 85-85872-23-3

FAÇA DAR CERTO

Luiz Gasparetto

As facilidades e dificuldades para construir um destino próspero dependem unicamente de sua visão da vida. Toda escolha feita modifica ou mantém estruturas criadas pelas próprias pessoas. Acorde para seu poder e descubra o potencial que tem.

CATEGORIA: Desenvolvimento Pessoal
PÁGINAS: 144
FORMATO: Brochura
ISBN: 85-85872-24-1

O LIVRO DA REALIZAÇÃO

Marc Allen

Como usar as habilidades mentais e físicas para criar riqueza e sucesso? Neste livro, Marc Allen afirma que tudo está dentro de cada um. Somos os criadores dos nossos problemas e sucessos, temos o poder de mudar e transformar nossas vidas, tornando-nos completamente realizados.

CATEGORIA: Desenvolvimento Pessoal
PÁGINAS: 144
FORMATO: Brochura
ISBN: 978-85-7722-062-5

ABRA SUA MENTE PARA RECEBER

Catherine Ponder

Este livro é mais um clássico de Catherine Ponder. Ele revela as leis de abundância que ajudam o leitor a encontrar, com precisão, a fonte para abrir as comportas da prosperidade. A escrita simples, porém vibrante e envolvente de Catherine Ponder, auxiliará você a fazer mudanças positivas em sua vida. A autora assegura que qualquer um pode tirar grande proveito da obra, embalado numa leitura leve e agradável, que poderá mudar, definitivamente, a vida para melhor!

CATEGORIA: Desenvolvimento Pessoal
PÁGINAS: 136
FORMATO: Brochura
ISBN: 978-85-7722-118-9

O LIVRO DA ABUNDÂNCIA

John Randolph Price

Você quer mais dinheiro e sucesso em sua vida? Nessa nova edição revisada e ampliada, John Randolph Price mostra-nos, por meio de experiências pessoais, que a consciência é a chave da vida. Na verdade, nada é impossível, e isso inclui a potencialidade, em cada pessoa, para a prosperidade ilimitada e a independência financeira. Acompanha um CD com meditações.

CATEGORIA: Desenvolvimento Pessoal
PÁGINAS: 112
FORMATO: Brochura
ISBN: 978-85-7722-034-2

ALIMENTE SEUS DEUSES E DEMÔNIOS

Tsultrim Allione

Aprenda a lidar com as forças que ameaçam derrotá-lo, usando as ferramentas corretas para conseguir a paz interior. Uma sabedoria antiga, adaptada para solucionar conflitos internos da atualidade, é apresentada como um método poderoso para transformar emoções negativas em energia de libertação.

CATEGORIA: Desenvolvimento Pessoal
PÁGINAS: 264
FORMATO: Brochura
ISBN: 978-85-7722-143-1

A ESPIRITUALIDADE E VOCÊ

Maura de Albanesi

Retrata os mistérios da vida humana e seus potenciais mais sublimes, indicando caminhos evolutivos para o aperfeiçoamento e o alinhamento com o Universo, por meio da verdadeira conexão com Deus.

CATEGORIA: Desenvolvimento Pessoal
PÁGINAS: 112
FORMATO: Brochura
ISBN: 978-85-7722-150-9

A SOLUÇÃO

Peggy McColl

Como posso fazer a vida trabalhar a meu favor? Como posso acabar com meu desconforto e sofrimento? Perguntas como essas são o primeiro passo para uma jornada de conhecimento. Elas abrirão seu coração para um mundo de possibilidades e tornarão a vida mais feliz.

CATEGORIA: Desenvolvimento Pessoal
PÁGINAS: 144
FORMATO: Brochura
ISBN: 978-85-7722-115-8

VIDA & CONSCIÊNCIA
G R Á F I C A

Rua Agostinho Gomes, 2.312 – SP
55 11 3577-3200

grafica@vidaeconsciencia.com.br
www.vidaeconsciencia.com.br